D0191269

LIBERA AL EINSTEIN QUE LLEVAS DENTRO

DR. KEN GIBSON

con la colaboración de KIM HANSON
y TANYA MITCHELL

LIBERA AL EINSTEIN QUE LLEVAS DENTRO

Aplicaciones de neurociencia para despertar la inteligencia en tu hijo

Traducción: Anna Coll

MADRID - MÉXICO - BUENOS AIRES - SAN JUAN - SANTIAGO
Madrid, 2015

Título original: UNLOCK THE EINSTEIN INSIDE

Diseño de cubierta: Departamento editorial de EDAF

Editorial EDAF, S.L.U.
Jorge Juan, 68. 28009 Madrid
http://www.edaf.net
edaf@edaf.net

Ediciones Algaba, S.A. de C.V.
Calle 21, Poniente 3323 - Entre la 33 sur y la 35 sur
Colonia Belisario Domínguez
Puebla 72180 México
Telf.: 52 22 22 11 13 87
jaime.breton@edaf.com.mx

Edaf del Plata, S.A.
Chile, 2222
1227 Buenos Aires (Argentina)
edaf4@speedy.com.ar

Edaf Antillas/Forsa
Local 30, A-2
Zona Portuaria Puerto Nuevo
San Juan PR00920
(787) 707-1792
carlos@forsapr.com

Edaf Chile, S.A.
Coyancura, 2270, oficina 914, Providencia
Santiago - Chile
comercialedafchile@edafchile.cl

Junio de 2015

Depósito Legal: M. 15.819-2015
ISBN.: 978-84-414-3560-5

PRINTED IN SPAIN IMPRESO EN ESPAÑA

IMPRESO POR CREATIVE XLM

Este libro está dedicado a los más de veinte mil estudiantes y padres que han participado en nuestros estudios clínicos, orientados al desarrollo de soluciones para dificultades de lectura y aprendizaje. Y, además, a los más de ochocientos médicos, psicólogos, educadores —y miembros de sus equipos— que han contribuido y han trabajado conmigo en los ensayos y mejoras de nuestros programas de entrenamiento cognitivo.

CONTENIDO

PRÓLOGO A LA EDICIÓN EN ESPAÑOL

Hablar un nuevo idioma, leer, escribir, trabajar con fórmulas matemáticas, manejar un dispositivo digital, cocinar una nueva receta, conducir un coche: todas estas acciones requieren un aprendizaje.

Este libro describe cómo aprendemos, cómo opera nuestro cerebro y cómo engranan y se mueven las ruedas de nuestro conocimiento.

De una manera muy sencilla y en un lenguaje cómodo, este libro persigue dos objetivos: explicar al lector el mecanismo según el cual aprendemos y presentar la manera de estimular y mejorar ese mecanismo mediante BrainRx.

Este es un programa de trabajo y entrenamiento basado en el vínculo persona-persona, sistemático, riguroso, enérgico y fundamentado en los pilares de la neurobiología, con una apuesta clara: mejorar nuestra capacidad de aprender.

Nuestro cerebro es modificable y plástico, una cualidad fascinante y única del ser humano, que abre increíbles oportunidades de mejorar, modificar, potenciar y reestructurar nuestras redes neuronales y las estructuras cerebrales que sustentan las habilidades para aprender.

Más de 20.000 personas han recibido entrenamiento con LearningRx en Estados Unidos y con BrainRx en el resto del mundo: niños con problemas de atención y concentración, estudiantes universitarios que buscaban un mayor éxito académico, estudiantes de máster y grado, adultos que pretendían permanecer mentalmente ágiles, víctimas de accidentes que querían recuperar las habilidades que habían perdido debido a las lesiones…

A lo largo del libro se describen los resultados y mejoras obtenidas mediante el entrenamiento específico y se explica cómo fortaleciendo las habilidades cerebrales los estudiantes mejoran su rendimiento académico.

En 1906 se le concedió el Premio Nobel de Medicina al español Santiago Ramón y Cajal, que descubrió la morfología y las conexiones entre las células nerviosas, y desarrolló la «doctrina de la neurona». Años después, Ramón y Cajal escribía «Cada hombre puede convertirse en escultor de su propio cerebro». Quizá era pronto para entender el alcance de su frase.

En este momento de evolución social cada vez más sofisticada, comenzamos a apostar y entender que la creación, el conocimiento y las grandes ideas parten de nuestras mentes. Estimular y alcanzar el máximo potencial se convierte en una llave para la felicidad y el logro de nuestros retos y nuestros sueños.

Tengo la gran suerte de desarrollar mi pasión, la neuropsicología. Y por convicción propia, experiencia y práctica profesional, considero que es una gran oportunidad contar con un método riguroso y basado en la evidencia científica como el que proporciona BrainRx, que apuesta por la mejora de nuestras capacidades, cuyo límite hoy no conocemos.

Patricia L. Fernández Gil
Neuropsicóloga
Directora de Brain Training Gym

INTRODUCCIÓN

Cuándo a los niños les ponen una tarea en el colegio, ¿por qué algunos tardan media hora en completarla y otros terminan solo en ocho minutos?

Este libro le ayudará a comprender la razón: los estudiantes abordan las tareas con diferentes herramientas de aprendizaje. Estas herramientas se llaman habilidades cognitivas, y son estas habilidades las que determinan la calidad, la velocidad y la facilidad con la que los individuos aprenden y actúan.

Puede haber otros factores distintos de la escasez de habilidades cognitivas, pero recientes estudios del Instituto Nacional de Salud y del Departamento de Educación de los Estados Unidos, entre otros, indican que el origen de más del 80% de las dificultades de aprendizaje es, en efecto, la escasez de habilidades cognitivas.

He escrito este libro para ayudarlo a comprender qué son las habilidades cognitivas y, además, para intentar animarlo ya que estas habilidades cognitivas pueden ser reforzadas y mejoradas, reduciendo o eliminando así las dificultades de aprendizaje y lectura.

Más de 6.000 estudiantes y adultos recibieron entrenamiento entre 2011 y 2012 en 80 centros LearningRx en todo el territorio de los Estados Unidos. Algunos eran estudiantes universitarios que deseaban mejorar sus resultados académicos, otros eran profesionales en activo e incluso personas ya retiradas con el deseo de mantener activa su capacidad mental, o víctimas de accidentes que querían recuperar sus aptitudes después de haber sufrido alguna lesión.

Eliminar las dificultades de aprendizaje no es una quimera. De hecho, nuestra experiencia desde 1995 con más de veinte mil estudiantes demuestra un avance medio de más de 3,6 años en las habilidades de aprendizaje y de 4,6 años en la lectura: y siempre en menos de 6 meses.

Hay soluciones para los estudiantes que tienen dificultades en el colegio. Se puede acabar con la frustración de ir retrasado en lectura, matemáticas y otras materias, si se sigue un entrenamiento apropiado de las habilidades cognitivas.

Su hijo puede ir bien en el colegio y emprender un viaje de aprendizaje que culminará con la educación universitaria y una buena carrera profesional. Lo crea o no, hay un pequeño Einstein encerrado en todos los niños, pero para liberarlo hay que dar el primer paso: hay que evaluar las habilidades cognitivas del chico. El siguiente paso, esencial y crítico, es reforzar las habilidades cognitivas débiles.

Gracias por su interés en este importante tema y gracias por preocuparse por la educación de su hijo. Lea este libro y compruebe cómo puede ayudar a su hijo a leer mejor y a avanzar en sus estudios. Ayude a su hijo a adquirir las habilidades y las herramientas necesarias para convertirse en alguien más inteligente… para siempre.

Dr. Ken Gibson

MOMENTO EINSTEIN

Nunca enseño a mis alumnos; yo solo trato de ofrecerles las condiciones en las que puedan aprender. A. Einstein

---

¿Y si todos tuviéramos algo de Einstein? Es más, ¿no le gustaría saber cómo desbloquear ese Einstein oculto en su hijo, esa porción de genio e inteligencia que usted sabe que está escondida? Con mucha frecuencia la expresión de una gran inteligencia, la capacidad y el potencial, permanece encerrada tras una barrera invisible llegado el momento de enfrentarse al aprendizaje. Usted sabe que hay algo brillante en su hijo... pero no ve que se manifieste en sus logros diarios. Para progresar en el aprendizaje la solución pasa por eliminar las barreras por completo. Este audaz enfoque puede ser la clave principal y única que permita emerger el verdadero genio oculto en su hijo.

CAPÍTULO 1

SOLUCIONES PARA TODOS LOS ESTUDIANTES

¡**Buenas noticias!** Hay soluciones, verdaderas y reales, para todos los estudiantes o adultos que se enfrentan a los retos del aprendizaje. Independientemente de cuestiones particulares, relacionadas con la lectura u otras tareas de aprendizaje, en la actualidad disponemos de técnicas innovadoras basadas en la revolucionaria neurociencia y otros grandes adelantos de la investigación.

Este libro le muestra temas clave relacionados con las dificultades del aprendizaje.

Le avisamos: algunas de las cosas que aprenderá aquí podrían ser percibidas como ideas contra corriente. Pero estando contra la corriente establecida es como se obtienen los verdaderos progresos prácticos en las dificultades de aprendizaje. También voy a explicarles a los padres cómo encontrar la ayuda necesaria para convertir la frustración y los fracasos de sus hijos con la lectura y otras materias en una mejora de sus logros y en el éxito no solo en el colegio, sino en toda su vida.

¿Suena demasiado bueno para ser verdad?

Claro. Lo sé todo sobre las frustraciones porque durante años he tenido dificultades con la lectura. Según los estándares actuales, se me consideraría disléxico.

Mis propios problemas, me han motivado a lo largo de mi carrera para fortalecer aquellas habilidades más débiles y desarrollar programas de aprendizaje y lectura para personas con dificultades en estos ámbitos.

Y, por aquellas dificultades de mi infancia, quiero de verdad ayudar a los estudiantes, como a este al que llamaremos Miguel...

Miguel es un estudiante de tercer curso de primaria, activo y lleno de vida. Tiene una amplia sonrisa, es cariñoso y muy curioso. Conoce una asombrosa cantidad de datos sobre fútbol y toda clase de detalles sobre sus jugadores favoritos. Tiene muchos amigos y a menudo organiza partidos de fútbol improvisados en el patio.

En apariencia, Miguel es igual que cualquier niño sano y normal de su edad.

Esta percepción cambia, sin embargo, cuando seguimos a el chico a su clase de tercero. Ahí parece estresado: su mirada ya no tiene esa chispa que destella cuando da patadas al balón en el recreo. Acaba de terminar el segundo problema de matemáticas, mientras que casi todos sus compañeros están a punto de terminar los cinco que les habían mandado.

El niño parece aburrido, pero a la vez preocupado. ¿Y si su profesora, Ana, les envía otra nota a sus padres? Su mente y sus ojos divagan. Miguel lanza una mirada a la profesora. Oh, se ha dado cuenta, y parece enfadada. No le hace falta hablar, seguro que le va a decir lo de siempre: «¡Miguel, deja de mirar las musarañas y ponte a trabajar!»

Ana es una buena maestra, que se preocupa de verdad por Miguel, pero este niño puede con su paciencia. Mientras que los otros chicos de tercero están concentrados haciendo las tareas que les manda, este chiquillo parece pasmado, soñando despierto o simplemente que no le da la gana trabajar.

Los padres de Miguel están muy preocupados y se encuentran en territorio desconocido: su hermana Laura, tres años mayor que él, va muy bien en el colegio, y sus profesores están encantados con ella. Así que, ¿qué es lo que pasa con Miguel? ¿cómo pueden dos hermanos ser tan diferentes?

Él parece muy inteligente. Es como una enciclopedia andante en todo lo que tiene que ver con el fútbol. ¿Por qué no utiliza esa inteligencia en sus trabajos del colegio? Después de varias reuniones infructuosas con el director y el tutor, los padres del niño se preguntan si tiene un conflicto personal con Ana o algún tipo de dificultad latente de aprendizaje.

Cualquier tema remotamente relacionado con las tareas escolares hace que Miguel se muestre terco, enfadado y triste. Sus padres temen las sesiones de deberes de después de la cena, ya que las tareas no se realizaron en su momento.

Aunque los ingresos de la familia no son elevados, la familia ha hecho un gran esfuerzo para contratar a un profesor particular para su hijo. Por desgracia, no parece que sirva para subir las notas o aprender la nueva materia, por lo que sus padres se están cuestionando si merece la pena seguir con las clases particulares.

Miguel y sus padres están atrapados en un círculo vicioso —dificultades en el colegio, contratar a un profesor particular, mejoría provisional de las notas hasta que las dificultades vuelven a surgir con cada nuevo reto—.

¿Le sorprendería saber que más de un tercio de los estudiantes en edad escolar tienen dificultades similares a Miguel y que no es por falta de motivación ni porque la enseñanza sea inadecuada? ¿O que en cada aula española hay al menos dos estudiantes con trastornos de aprendizaje?

Los más frecuentes son la dislexia, que afecta a entre un 5% y un 17% de los estudiantes, y la hiperactividad, con una incidencia de entre un 8% y un 12%

España mejoró ligeramente su tasa de abandono escolar en 2014, hasta el 22,3%, muy lejos del 12% de media de la UE y del objetivo fijado en el 15% (Véanse los resultados globales de todos los países de OCDE). Los españoles se situaron por delante de malteses (20,2%), portugueses (17,7%), rumanos (17,9%) e italianos (15,6%). ¿Le sorprenderá saber que más de un tercio de los estudiantes de EE. UU. tienen los mismos problemas que Miguel... y que el problema no es la falta de motivación ni una instrucción inapropiada? Miguel y sus compañeros con «dificultades» no carecen de inteligencia ni están inadaptados por dificultades intelectuales. Comenzaron sus años escolares entusiasmados y con ganas de aprender. Es más, tienen el potencial para ir bien en clase.

Así que ¿qué está pasando?, ¿por qué nadie es capaz de identificar el problema y hacer algo al respecto? Buena pregunta. Hay una respuesta, aunque no es la opinión generalizada.

Lo normal es acudir a las clases particulares o a la educación especial, pero en la mayoría de los casos no es una buena solución.

¿Qué pasaría si, por ejemplo, me rompo la pierna, pero el médico no me manda hacer una radiografía y se limita a recetarme un antibiótico o un analgésico? Claro, me duele y no quiere que se me infecte, pero una fractura se debe reducir y escayolar para que se produzca el proceso natural de curación. Los antibióticos o analgésicos están bien en ciertos casos, pero por sí solos no pueden reparar una pierna rota.

Del mismo modo, cuando se trata de dificultades de aprendizaje, si no se profundiza en el síntoma, se suele aplicar el remedio equivocado. Así que, ¿cuál es el tratamiento adecuado? ¿No debería utilizarse algo así como una placa de rayos x para descubrir qué se esconde bajo los síntomas antes de tratar el problema?

INFORME PISA 2012 (OCDE)

Habilidad lectora			Matemáticas			Ciencias		
1.	Singapur	542	1.	Singapur	573	1.	Singapur	551
2.	Japón	538	2.	Corea del Sur	554	2.	Japón	547
3.	Corea del Sur	536	3.	Japón	536	3.	Finlandia	545
4.	Finlandia	524	4.	Liechtenstein	535	4.	Estonia	541
5.	Irlanda	523	5.	Suiza	531	5.	Corea del Sur	538
6.	Canadá	523	6.	Países Bajos	523	6.	Vietnam	528
7.	Polonia	518	7.	Estonia	521	7.	Polonia	528
8.	Estonia	516	8.	Finlandia	519	8.	Canadá	525
9.	Liechtenstein	516	9.	Canadá	518	9.	Liechtenstein	525
10.	Dinamarca	512	10.	Polonia	518	10.	Alemania	524
11.	Australia	512	11.	Bélgica	515	11.	Irlanda	522
12.	Nueva Zelanda	512	12.	Alemania	514	12.	Países Bajos	522
13.	Países Bajos	511	13	Vietnam	512	13.	Australia	521
14.	Suiza	509	14,	Austria	506	14.	Nueva Zelanda	516
15.	Bélgica	509	15.	Australia	504	15.	Suiza	515
16.	Alemania	508	16.	Irlanda	501	16.	Reino Unido	514
17.	Vietnam	508	17.	Eslovenia	501	17.	Eslovenia	514
18.	Francia	505	18.	Dinamarca	500	18.	República Checa	508
19.	Noruega	504	19.	Nueva Zelanda	500	19.	Austria	506
20.	Reino Unido	499	20.	República Checa	499	20.	Bélgica	505
21.	Estados Unidos	498	21.	Francia	495	21.	Letonia	502
	Media OCDE	**496**		**Media OCDE**	**494**		**Media OCDE**	**501**
22.	República Checa	493	22.	Reino Unido	494	22.	Francia	499
23.	Austria	490	23.	Islandia	493	23.	Dinamarca	498
24.	Italia	490	24.	Letonia	491	24.	Estados Unidos	497
25.	Letonia	489	25.	Luxemburgo	490	25.	España	496
26.	Portugal	488	26.	Noruega	489	26.	Lituania	496
27.	España	488	27.	Portugal	487	27.	Noruega	495
28.	Hungría	488	28.	Italia	485	28.	Italia	494
29.	Luxemburgo	488	29.	España	484	29.	Hungría	494
30.	Israel	486	30.	Rusia	482	30.	Luxemburgo	491
31.	Croacia	485	31.	Eslovaquia	482	31.	Croacia	491
32.	Islandla	483	32.	Estados Unidos	481	32.	Portugal	489
33.	Suecia	483	33.	Lituania	479	33.	Rusia	486
34.	Eslovenia	481	34.	Suecia	478	34.	Suecia	485
35.	Lituania	477	35.	Hungría	477	35.	Islandia	478
36.	Grecia	477	36.	Croacia	471	36.	Eslovaquia	471
37.	Turquía	475	37.	Israel	466	37.	Israel	470
38.	Rusia	475	38.	Grecia	453	38.	Grecia	467
39.	Eslovaquia	463	39.	Serbia	449	39.	Turquía	463

Habilidad lectora		Matemáticas		Ciencias	
40. Chipre	449	40. Turquía	448	40. Emiratos Árabes Unidos	448
41. Serbia	446	41. Rumania	445	41. Bulgaria	446
42. Emiratos Árabes Unidos	442	42. Chipre	440	42. Serbia	445
43. Chile	441	43. Bulgaria	439	43. Chile	445
44. Tailandia	441	44. Emiratos Árabes Unidos	434	44. Tailandia	444
45. Costa Rica	441	45. Kazajistán	432	45. Rumania	439
46. Rumania	438	46. Tailandia	427	46. Chipre	438
47. Bulgaria	436	47. Chile	423	47. Costa Rica	429
48. México	422	48. Malasia	421	48. Kazajistán	425
49. Montenegro	422	49. México	413	49. Malasia	420
50. Uruguay	411	50. Montenegro	410	50. Uruguay	416
51. Brasil	410	51. Uruguay	409	51. México	415
52. Túnez	404	52. Costa Rica	407	52. Montenegro	410
53. Colombia	403	53. Albania	394	53. Jordania	409
54. Jordania	399	54. Brasil	391	54. Argentina	406
55. Malasia	398	55. Argentina	388	55. Brasil	405
56. Indonesia	396	56. Túnez	388	56. Colombia	399
57. Argentina	396	57. Jordania	386	57. Túnez	398
58. Albania	394	58. Colombia	376	58. Albania	397
59. Kazajistán	393	59. Catar	376	59. Catar	384
60. Catar	388	60. Indonesia	375	60. Indonesia	382
61. Perú	368	61. Perú	368	61. Perú	373

Uno de los principales objetivos de este libro es ofrecer y explicar la solución correcta para las dificultades de aprendizaje de Miguel: hacer una radiografía de su aprendizaje para después proporcionar el tratamiento adecuado.

Antes de ver las respuestas, vamos a examinar por qué el mundo educativo, en general, no sabe qué hacer con los Migueles del mundo…

La crisis de la educación

Nuestro sistema educativo arroja unas tasas de fracaso escolar y de paro juvenil altísimas, unas cifras de analfabetismo funcional evidentes y, sobre todo, una notable incapacidad de mantener a los estudiantes entusiasmados con su propio aprendizaje.

Sería realmente interesante y positivo dar mayor libertad a los padres y cooperativas para crear centros educativos con pedagogías alternativas, reforzar a los maestros dándoles más autonomía. Apostar por la creatividad y el aprendizaje vivencial y significativo, eliminar la memorización y los exámenes, flexibilizar el currículo, reducir radicalmente el número de alumnos por clase en vez de aumentarlo y dar un verdadero impulso al aprendizaje e inteligencia funcional, educación emocional, la personalización y la atención a las necesidades individuales.

En los últimos datos publicados por la oficina de estadística comunitaria Eurostat, se refleja la situación de España respecto al abandono escolar temprano en Europa.

Llegará el día en que los estudiantes de hoy tomarán todas las decisiones legales, morales y filosóficas importantes de nuestra sociedad. Su capacidad de mantener nuestros valores y nuestro estilo de vida depende de la calidad de su educación, su integridad y el desarrollo de su carácter.

Por tanto, el éxito en el desarrollo de los estudiantes es, y debe ser, el objetivo lógico de la educación pública y privada. Este objetivo lógico, sin embargo, plantea la pregunta: ¿Como país, estamos logrando este objetivo?

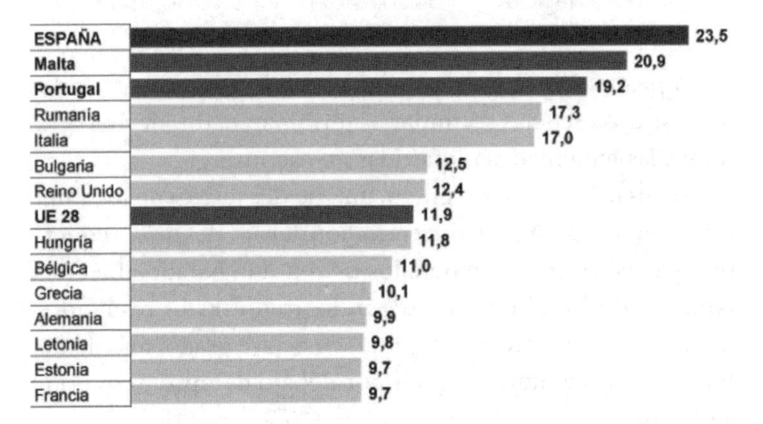

Figura 1. Abandono escolar temprano en la UE

Lamentablemente, la respuesta parece que es «no». La triste realidad es que muchos estudiantes que pasan por las escuelas primarias, secundarias e institutos no son capaces de lograr el éxito académico. Aún peor es el hecho de que muchos de ellos nunca o casi nunca llegan a ir bien en los estudios.

El *National Assessment of educational Progress* (2005), conocido como el *Nation´s Report Card*, es una valoración continua y representativa de los conocimientos de los estudiantes americanos en varias áreas. ¿Cuáles son nuestros resultados en las áreas de lectoescritura y matemáticas?

The Nation's Report Card

Es la única valoración continua y representativa a nivel nacional de lo que los estudiantes americanos saben y pueden hacer en varias materias.

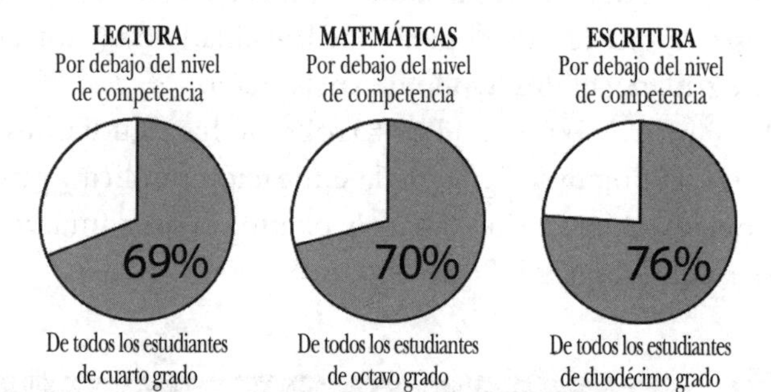

En primer lugar, tres cuartas partes de todos los egresados de nuestras escuelas secundarias terminan el duodécimo grado sin las habilidades requeridas en escritura.

Aun es más, en cuarto grado, más de dos tercios de los alumnos tienen una habilidad lectora por debajo del nivel requerido, ¡y más de un tercio de ellos tienen una habilidad lectora igual o inferior al nivel de segundo grado! Estos resultados, desafortunadamente, no mejoran: en octavo grado, más de dos tercios de los alumnos siguen por debajo del nivel requerido de lectura.

¿Y las matemáticas? El informe es igual de negativo. En octavo grado, más de siete de cada diez alumnos se encuentran por debajo del nivel mínimo.

El nivel de lectoescritura y de aprendizaje en los colegios a la largo de todo Estados Unidos está en crisis. Pruebas de ello es que:

- El 85% de los delincuentes juveniles tienen dificultades de lectura.
- Al menos el 50% de los desempleados son analfabetos funcionales.
- Por lo menos 20 millones de los 53 millones de niños en edad escolar son malos lectores, ¡dos de cada cinco niños!
- Si un niño es presenta dificultades lectoras al final del primer grado, tiene un 90% de probabilidad de seguir presentándolas al final del cuarto grado.
- Tres cuartas partes de los que tienen dificultades lectoras en tercer grado, seguirán teniéndolas en la educación secundaria.
- Tres de cada cuatro empresas incluidas en el Fortune 500 proporcionan cursos de recuperación a sus empleados para conseguir un servicio adecuado por parte de estos.
- Aproximadamente un 53% de los no licenciados se inscriben en cursos de recuperación durante la educación postsecundaria.
- Los estudiantes de Estados Unidos obtienen unas calificaciones muy bajas en matemáticas y en conocimientos científicos entre las naciones miembros de la OCDE.
- Solo el 24% de los alumnos de último curso de secundaria/bachillerato son competentes en escritura.
- Los estudiantes que están por debajo del percentil 25 de consecución tienen 20 veces más posibilidades de abandonar los estudios que los que están por encima del percentil 75.
- Entre el 41 y el 44 por ciento de los adultos que aparecen en los niveles más bajos de alfabetización viven en la pobreza comparado con el 4 a 8 por ciento de aquellos que están en los niveles más altos.
- Las expectativas sobre los docentes se han incrementado de forma dramática debido a la tendencia a aumentar las tareas no docentes, la planificación y las tareas administrativas. Los profesores rara vez disponen de los recursos o del tiempo requeridos para las tareas individuales de recuperación.

Los padres tienen derecho a esperar que sus hijos sean educados por el colegio, pero la responsabilidad no es solo del colegio. Los padres y la vida actual de las familias juegan también un importante papel en la crisis de la educación. Los estudiantes suelen llegar a la escuela con menos habilidades prácticas que las generaciones pasadas, debido a que muchas familias necesitan dos sueldos para vivir conforme al nivel de vida actual. Con ambos padres trabajando fuera de casa, los niños carecen de ese tiempo tan vital de aprendizaje personal que solo sus padres pueden proporcionar. Hoy en día, los niños suelen pasar demasiado tiempo pasivamente, viendo televisión o con los videojuegos, dos formas de tecnología que los padres que trabajan, a menudo, utilizan para entretener a sus hijos.

Aunque lo que ocurre en casa es crucial, las escuelas tienen a nuestros hijos al menos siete horas al día, 180 días al año, lo que representa una gran oportunidad para influir e impactar sobre sus destinos. Educar a una generación de estudiantes depende, en su mayor parte, de ayudar a los mismos a obtener el máximo provecho del tiempo que pasan en el colegio.

Los padres envían a sus hijos a la escuela con altas expectativas académicas, sin darse cuenta de que si sus hijos fallan, es probable que se desvíen de la corriente general y las opciones que se les ofrezcan no produzcan precisamente éxitos académicos.

Lamentablemente, además de presentar dificultades en su aprendizaje básico, cuando los estudiantes se sienten frustrados y fracasan en los estudios sufren además daño emocional, psicológico, social y ocupacional. En esencia, su autoestima recibe un gran golpe, que provoca sufrimiento a todos los niveles.

El sistema educativo se enfrenta a retos casi insuperables y, con demasiada frecuencia, las víctimas de esta crisis educativa entran por la puerta de nuestra casa al terminar la jornada escolar. Con demasiada frecuencia nos obligan a pensar que no hay solución para los estudios de nuestros hijos. De hecho, con demasiada frecuencia, el sentimiento es de frustración.

RESUMEN

- ✓ Hay solución para las personas que se enfrentan a dificultades de aprendizaje.
- ✓ En cada aula española hay al menos dos estudiantes con trastornos de aprendizaje.
- ✓ Los más frecuentes son la dislexia, que afecta a entre un 5% y un 17% de los estudiantes, y la hiperactividad, con una incidencia de entre un 8% y un 12%.
- ✓ El 23,5% deja los estudios tras la ESO o sin graduarse.
- ✓ El abandono escolar se fragua en primaria y a los 19 años es irreversible.
- ✓ España mejoró ligeramente su tasa de abandono escolar en 2014, hasta el 22,3%, muy lejos del 12% de media de la UE y del objetivo fijado en el 15%.
- ✓ A los profesores se les exige asumir más responsabilidad —especialmente respecto de los alumnos con dificultades— de la que permite el tiempo, su formación o los recursos de los que disponen.

MOMENTO EINSTEIN

No podemos resolver problemas pensando de la misma manera que cuando los creamos. A. *Einstein*

CAPÍTULO 2

MALINTERPRETAR LOS RESULTADOS DE LOS TEST

Cuando se sospecha que un estudiante, como Miguel, puede tener dificultades de aprendizaje, el profesor suele solicitar que se realice una prueba para determinar el problema exacto. Realizar este tipo de pruebas no es mala idea pero, si las dificultades de aprendizaje subyacentes no se tratan individualmente, las conclusiones no serán correctas, por lo que los tratamientos prescritos no serán efectivos.

Después de mas de treinta y cinco años de trabajar con ellos e intentar entender sus frustraciones con la lectura y el aprendizaje, he llegado a la conclusión de que hay una cuestión fundamental: ¿al final los estudiantes superan las dificultades de aprendizaje? Lamentablemente, la respuesta suele ser negativa.

La manera en que se abordan las dificultades de aprendizaje en el colegio depende en gran parte de los test que le hagan al estudiante, y de cómo se interpreten sus resultados. Su incorrecta interpretación, obviamente, dará lugar a la aplicación de un tratamiento equivocado. El estudiante con dificultades sufrirá las consecuencias de la mala interpretación de las pruebas y de los tratamientos mal prescritos.

Es extremadamente importante que los padres entiendan las limitaciones fundamentales de los test estandarizados.

Es posible que esta perspectiva sobre los test pueda ser muy diferente de lo que haya oído o leído antes. Si quiere ayudar a su hijo, debe cambiar su forma de pensar acerca de las dificultades de aprendizaje. La información que le ofrezco a continuación resulta esclarecedora y, en última instancia, una gran fuente de esperanza para cualquier persona que sufre o trata con dificultades de lectura o aprendizaje.

Test de Rendimiento frente a Test de Inteligencia

Los profesores suelen solicitar la realización de test de rendimiento e inteligencia para saber qué está pasando con los estudiantes que tienen dificultades en el aula. He aquí una definición simple de lo que muestran los test de cociente intelectual y de rendimiento:

- **Test de inteligencia (CI):** mide las habilidades mentales cognitivas y la capacidad de procesamiento básico.
- **Test de rendimiento:** determina qué tal va un estudiante en materias académicas como aritmética y ciencias sociales. Una prueba de rendimiento mide los conocimientos almacenados.

Obviamente, las pruebas de rendimiento y de inteligencia miden dos cosas diferentes: todo el mundo está de acuerdo en eso.

Las dificultades comienzan con lo que se asume a partir de los resultados de las pruebas, cómo se interpretan los resultados, y cómo se aplican a cada estudiante en concreto. Para que un niño pueda recibir ayuda, que sea a la vez positiva y permanente, los resultados de las pruebas deben ser comprendidos correctamente.

El problema de la puntuación del Cociente Intelectual (CI)

Uno de los principales problemas sobre la interpretación de un CI es que los errores suelen ocurrir en el diseño de las pruebas.

Las pruebas de inteligencia miden una variedad de habilidades mentales que se agrupan y denominan *inteligencia.* El resultado es una puntuación CI, cifra que se supone que es una medida de la capacidad general del niño. Lo malo es que la puntuación general CI no revela la puntuación de cada habilidad concreta. De hecho, un resultado medio o por encima de la puntuación media puede provocar la suposición errónea de que todas las habilidades mentales subyacentes, necesarias para un buen aprendizaje o lectura, están al mismo nivel. Si los resultados del estudiante están por debajo de las expectativas, es probable que una o más de las habilidades necesarias sean significativamente débiles, lo que indicaría una dificultad de aprendizaje, pero no el origen.

Un resultado medio o por encima de la media en el CI puede dar como resultado la suposición errónea que todas las habilidades mentales subyacentes necesarias para un buen aprendizaje o lectura están al mismo nivel.

Esto es por lo que los resultados de los test de inteligencia tienden a ocultar o pasar por alto las dificultades de aprendizaje que precisan una atención deliberada y específica.

Para aclarar el problema de las puntuaciones CI, les propongo una analogía: supongamos que el motor de su coche hace un ruido metálico extraño, y lo lleva al taller para que lo revisen. El mecánico realiza cinco pruebas de diagnóstico y le informa de que los resultados son normales —de la misma forma que se evalúan las habilidades con las puntuaciones de CI—. En cuatro de los ensayos de prueba del motor el resultado es perfecto, 100%.

La quinta puntuación, sin embargo, es del 0%. Si el mecánico le dice que la puntuación global es del 80% (está por encima de la media, por lo que no hace falta arreglar nada) no se sentiría nada feliz de seguir oyendo el mismo ruido metálico mientras sale con su coche del taller.

La cuestión es que los promedios pueden ocultar dificultades reales. Respecto a la puntuación CI, los estudiantes con un cociente intelectual de 120 (la media se fija en 100) podrían tener dificultades de habilidades no detectadas —potencialmente limitadoras— que podrían aparecer en cualquier momento durante su educación.

¿Inteligente, pero mal lector?

Muchos estudiantes que parecen brillantes tienen dificultades con la lectura. Cuando son sometidos a los test, la mayor parte de sus habilidades cognitivas resultan ser altas, excepto una: la conciencia fonológica, que es la capacidad de combinar, segmentar y manipular sonidos *(Vid. figura 2)*. La deficiencia de esta habilidad puede limitar severamente tanto el éxito académico como el rendimiento en el trabajo. (Como veremos más adelante, la conciencia fonológica puede ser mejorada hasta niveles más que aceptables ¡en solo unas semanas!)

Cuando las dificultades de aprendizaje de un estudiante se someten a los test, el personal académico analiza los resultados de las pruebas de cociente intelectual y las puntuaciones de las pruebas de rendimiento para determinar si tiene dificultades de aprendizaje. La puntuación de CI se compara con el rendimiento real en las materias escolares como lectura, escritura y matemáticas. Si, entre otros factores, hay una discrepancia suficiente entre ambas puntuaciones (si el CI corresponde a dos años de diferencia entre la edad cronológica y la edad que indica el test), se le podría etiquetar como estudiante con dificultades de aprendizaje. Si las puntuaciones en cociente intelectual y rendimiento son bajas, el estudiante será considerado lento por naturaleza, y en la mayoría de los casos nunca recibirá ayuda especial.

PERFIL DE HABILIDADES COGNITIVAS

En este caso, el bajo nivel de habilidad en la conciencia fonológica identificado durante las pruebas cognitivas indica que este niño sería un muy mal lector, aunque tiene un cociente intelectual muy por encima de la media.

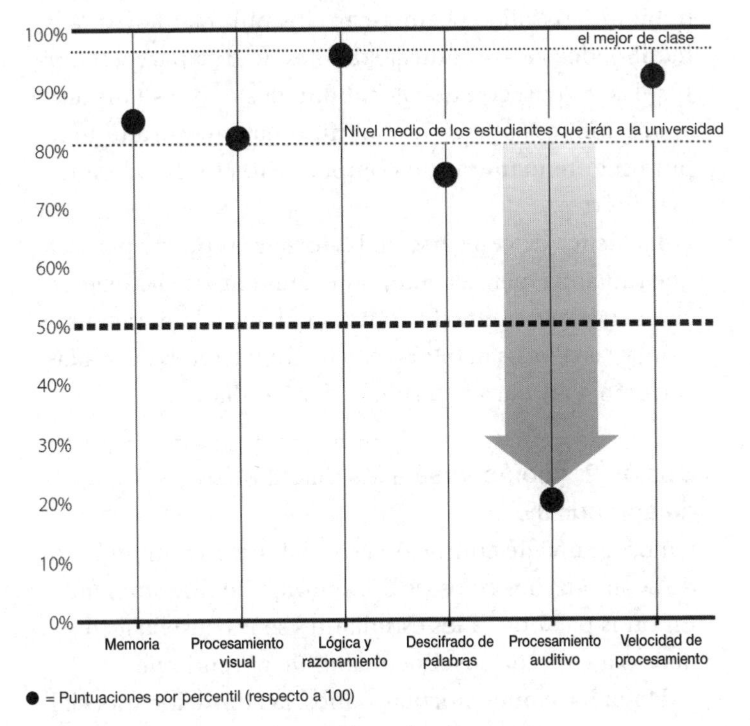

Figura 2

Las respuestas actuales a las dificultades de aprendizaje

Hoy en día, cuando a un niño se le diagnostica un trastorno de aprendizaje, normalmente se aplica una de las cinco siguientes opciones. He aquí una breve descripción de cada una:

Opción 1: Centrarse en sus fortalezas

Los programas escolares a menudo se centran en las fortalezas del alumno, lo que enseña al niño con dificultades a compensar su falta de habilidades. Por desgracia, si el objetivo es eliminar dificultades de aprendizaje y ayudar al niño a largo plazo, este es un método equivocado. Con este enfoque, una habilidad puede ser tan débil que paralice y enmascare los puntos fuertes. Las habilidades de aprendizaje débiles no desaparecen por sí solas. Si parece que las habilidades débiles han desaparecido, es solo porque el niño ha encontrado temporalmente maneras de compensarlo con habilidades más fuertes.

La táctica de centrarse en las fortalezas puede parecer que funciona, pero el tiempo y el aumento de las exigencias académicas interferirán con el acto de compensación, y las débiles habilidades y las limitaciones derivadas volverán a aflorar en perjuicio del estudiante.

Opción 2: Acomodarse a las dificultades de aprendizaje

Un programa de educación especial suele ser un intento de acomodar los retos de aprendizaje de un estudiante. En otras palabras, a los estudiantes se les enseña a adaptarse o a vivir con sus dificultades de aprendizaje.

Hasta hace unos cincuenta años, la educación especial estaba diseñada exclusivamente para ayudar a los estudiantes con discapacidades sensoriales, motoras o mentales de carácter severo. Posteriormente, en la década de 1960, se descubrieron las dificultades de aprendizaje. Los estudiantes recibían la etiqueta de tener dificultades de aprendizaje porque académicamente se iban quedando atrás. El resultado fue un enorme crecimiento de la educación especial.

Muchos programas de educación especial promueven la idea de que la agrupación y etiquetado de este tipo de estudiantes es la culpa de la falta de progreso, siendo factores ajenos al estudiante. Esto suele obligar a los maestros a rebajar sus expectativas respecto a los estudiantes diagnosticados con dificultades de aprendizaje, dislexia, o TDA/TDAH. El problema es que los profesores ignoran que el bajo rendimiento académico del alumno probablemente sea el resultado de unas habilidades de aprendizaje débiles que se pueden cambiar.

Los programas de educación especial también suelen tratar de acomodar a los estudiantes con dificultades con una estrategia inicial de reducir las expectativas, para ayudar a esos estudiantes a sobrellevar el colegio. Sin embargo, se siguen comparando con sus compañeros fuera de la clase, y los estudiantes de educación especial a menudo sufren una grave erosión de su autoestima. Esta situación hace que sus dificultades de aprendizaje sean, si cabe, aún mucho más debilitantes.

Para ir bien en la escuela, los estudiantes necesitan disponer de las habilidades de aprendizaje adecuadas. Si esas habilidades no funcionan correctamente, el trabajo académico suele ser cada vez más difícil. Los estudiantes pueden estar mal etiquetados. Cuando los estudiantes están mal etiquetados e integrados en un programa de educación especial, rara vez obtienen la ayuda específica que realmente necesitan —el fortalecimiento de sus capacidades de aprendizaje—.

Opción 3: Clases particulares

Las clases particulares ofrecen ayuda adicional en una determinada asignatura académica. A menudo, este es el enfoque que los padres adoptan cuando se enteran de que su hijo tiene dificultades con la lectura o los estudios.

En ciertos casos, las clases funcionan bien, por ejemplo cuando un niño va retrasado después de cambiar de colegio o a causa de una larga enfermedad. A veces las lagunas en el conocimiento académico del alumno se deben a razones desconocidas. La ayuda adicional puede corregir rápidamente esta dificultad.

Las clases particulares pueden ayudar al niño a mantenerse al día en diversas materias, pero solo mantenerse significa que el estudiante nunca podrá prescindir de ayuda adicional. El niño suele terminar llevando la etiqueta de que necesita profesor particular durante toda su vida escolar.

Si las habilidades cognitivas débiles son la razón por las que un niño se retrasa en los estudios, lo más probable es que las clases particulares simplemente oculten el verdadero problema. Si usted ve que su hijo no va mejor en las asignaturas para las que tiene profesor particular y que necesita clases año tras año, es más que probable que necesite reforzar sus habilidades de aprendizaje subyacentes.

Opción 4: Medicación

Otra estrategia que los médicos utilizan para ayudar a los estudiantes con dificultades es recetar medicamentos.

A nivel nacional, el número de estudiantes americanos que están siendo medicados es sorprendente. Al menos cinco millones reciben cada año recetas para combatir el trastorno de déficit de atención (TDA) o el trastorno de hiperactividad con déficit de atención (TDAH). La Oficina Americana de Control de Drogas ha declarado que «...muchas escuelas tienen almacenado de forma rutinaria más metilfenidato [Ritalin] que el depósito de la mayoría de las farmacias.» Estimulantes como Ritalin y Dexedrine (anfetaminas) son los medicamentos más utilizados para tratar el TDA / TDAH y suelen ser eficaces para rebajar la falta de atención, impulsividad e hiperactividad, aunque la tasa de éxito de estos fármacos está muy cuestionada.

Cuando las escasas habilidades subyacentes no se detectan, el diagnóstico de TDA / TDAH se convierte con demasiada frecuencia en una salida, no para los estudiantes, pero sí para profesores frustrados y padres preocupados. Los estudiantes están sentados en las aulas tratando de hacer lo que no saben hacer —leer, aprender y dominar materias académicas—. No es extraño que su atención se disperse. Cuando los estudiantes no son capaces de mantenerse al día y fracasan continuamente, se vuelven distraídos, tienden a soñar despiertos y a desarrollar una mala actitud. A veces se portan mal y distraen a los otros estudiantes. Los chicos, en particular, se convierten en payasos de la clase o alborotadores. No son capaces de estarse quietos o de dejar de hablar. Leer o hacer problemas de matemáticas es imposible, simplemente porque ciertas habilidades cognitivas fundamentales son deficientes.

Debemos reconocer que hay un porcentaje de estudiantes que sí son casos genuinos de TDA / TDAH; sin embargo, esta condición está altamente sobre-diagnosticada. Los padres y educadores deben compartir la responsabilidad por el exceso de confianza en las etiquetas de TDA y TDAH. En muchos casos, simplemente no se admite que haya una explicación alternativa. Lo que a menudo sucede es que un niño, desanimado y frustrado por culpa de sus débiles habilidades, está simplemente expresando su frustración.

En lugar de recurrir al tratamiento con fármacos, los educadores, los padres y los médicos deben buscar como sea soluciones que eliminen la causa de las dificultades de aprendizaje. Las pruebas de habilidades individuales pueden identificar estos casos.

Opción 5: Atacar las habilidades débiles mediante el entrenamiento

Como se ha visto, las cuatro primeras opciones para ayudar a un niño con dificultades de aprendizaje tienen significativos inconvenientes. Ignorar, evitar, o medicar la causa del problema garantiza, con toda probabilidad, que el problema nunca sea resuelto.

Este último enfoque es la única opción que no ignora las debilidades subyacentes de aprendizaje, que no provoca que los padres reduzcan sus expectativas respecto de sus hijos, o que no exige que un médico les recete medicamentos. El fortalecimiento de las habilidades del niño es la opción que puede ofrecer resultados casi inmediatos y tener un impacto de por vida en el aprendizaje.

Una mejor solución: examinar las habilidades cognitivas

El primer paso para obtener una solución duradera y positiva para los estudiantes con dificultades es el análisis de las habilidades cognitivas básicas. Las habilidades cognitivas son las habilidades o herramientas fundamentales que el niño utiliza para aprender. Estas no son como las asignaturas impartidas en la escuela; en realidad, las habilidades cognitivas son las herramientas mentales necesarias para procesar y aprender lo que se enseña en el entorno académico. Estas habilidades también se llaman *habilidades mentales, inteligencia, habilidades de aprendizaje, herramientas de aprendizaje* y *habilidades de procesamiento.* Todos estos términos se refieren a las mismas habilidades cognitivas necesarias para ir siempre bien en la escuela, en el trabajo, y en todas las facetas de la vida.

Hay soluciones para aquellos estudiantes que tienen dificultades de aprendizaje. Las habilidades cognitivas pueden ser identificadas, abordadas y mejoradas. Las habilidades mentales se pueden perfeccionar. Hay abundantes pruebas derivadas de la investigación del cerebro que demuestran que la mente se puede seguir expandiendo, no solo en los niños pequeños, sino en adultos de la tercera edad. Suena bien ¿verdad?

Pensemos de nuevo en Miguel

Resulta más que probable que, después de las pruebas, Miguel sea clasificado como un chico con dificultades de aprendizaje y que acabe en educación especial. Sus deberes serán diferentes y las adaptaciones académicas rebajarán los criterios normalmente establecidos para los estudiantes en el aula. Puede que experimente algún alivio a corto plazo por no tener que sufrir las dificultades de matemáticas, pero esto no cambiará lo que la vida exige en realidad. ¿A cuántas limitaciones en su carrera, o incluso rechazos en el trabajo, va a tener que enfrentarse en la edad adulta debido a esta estrategia de adaptaciones establecida en la escuela primaria? ¿A qué padre no le gustaría evitarle a su hijo una vida de problemas y decepciones?

Las áreas débiles deben ser fortalecidas, no evitadas. Las habilidades débiles de Miguel se pueden mejorar, lo que redundaría en la mejora de su potencial en todas las áreas de la vida. Puede recuperar en la clase su sonrisa y su chispa —señales de una sana autoestima y confianza en uno mismo—. Como Miguel, todos los estudiantes pueden mejorar sus capacidades. He visto cómo miles de estudiantes —de todos los orígenes y de todas las regiones del país— han mejorado notablemente sus habilidades después de haberse identificado sus debilidades y haber sido debidamente entrenadas.

Puede que se pregunte «¿Por qué los profesores no enseñan habilidades de aprendizaje subyacentes?, ¿no es para eso para lo que está el colegio?» Teóricamente, podrían hacerlo, pero el entrenamiento efectivo de las habilidades cognitivas requiere una atención focalizada y un refuerzo inmediato en un entorno personalizado. La mayoría de los profesores no han recibido formación específica, ni disponen del tiempo ni de los recursos necesarios para dedicar ese tipo de esfuerzo sostenido y personalizado a estudiantes concretos.

Existen además factores culturales y políticos —además de los recortes en los presupuestos— que también afectan a las opciones de las que disponen las escuelas.

Soluciones efectivas

Por este motivo me he comprometido a compartir con los padres de hoy el conocimiento que he obtenido sobre las dificultades de aprendizaje y lectura. Este conocimiento se basa en el análisis de una enorme cantidad de recientes investigaciones sobre las causas de este tipo de dificultades de aprendizaje y de lectura. A través de mis colegas en la investigación, también he supervisado el desarrollo de una gran variedad de tratamientos clínicos. De hecho, más de ochocientos profesionales de la enseñanza y veinte mil estudiantes han colaborado conmigo en el desarrollo de programas que disminuyen en gran medida las dificultades de aprendizaje o, en muchos casos, los eliminan por completo, asegurando así un futuro mejor para todos los involucrados.

RESUMEN

- Las pruebas de CI y académicas no revelan las deficiencias de habilidades de aprendizaje subyacentes.
- Los enfoques más comunes para la corrección de las dificultades de aprendizaje no son eficaces.
- Fortalecer las habilidades cognitivas débiles es la mejor manera de resolver permanentemente las dificultades de aprendizaje.

MOMENTO EINSTEIN

La educación es lo que queda después de olvidar todo lo que se aprendió en el colegio. A. Einstein

---

CAPÍTULO 3

COMPRENDER LAS DIFICULTADES DE APRENDIZAJE

Hay un motivo por el que los estudiantes tienen dificultades con los estudios. La mayoría de las veces, la clave para resolver las dificultades permanentes de aprendizaje es fortalecer el proceso básico o un grupo de habilidades cognitivas de la persona.

Este capítulo responde a preguntas fundamentales que son de interés para todos los padres con un hijo que presenta dificultades de aprendizaje:

1. ¿Qué son las habilidades cognitivas?
2. ¿Qué tipo de herramientas de aprendizaje son las habilidades cognitivas?
3. ¿Cómo afectan las habilidades cognitivas al rendimiento?
4. ¿Cómo podemos determinar la fuerza de las habilidades cognitivas?
5. ¿Qué habilidades cognitivas son más importantes?

Las respuestas a estas preguntas son realmente alentadoras. Si existe una causa identificable de las dificultades de aprendizaje, y si esa causa puede ser tratada con éxito, el problema se podrá solucionar. Sí, es cierto: las dificultades de aprendizaje a menudo pueden superarse de manera permanente.

1. ¿Qué son las habilidades cognitivas?

Quiero subrayar una vez más que las habilidades cognitivas no son en absoluto lo mismo que las materias que se enseñan en clase. Estas son las habilidades académicas, que consisten en el conocimiento sobre diferentes materias como matemáticas, historia o conocimiento del medio.

Suele sorprender que haya diferencias entre las habilidades cognitivas y las académicas. En realidad, la diferencia es muy grande. Las habilidades cognitivas son las capacidades mentales que se necesitan para poder aprender las materias académicas. Las habilidades cognitivas subyacentes deben funcionar bien para poder leer, pensar, priorizar, comprender, planificar, recordar y resolver problemas de manera sencilla y eficiente.

A lo largo de este libro encontrará varios términos que significan esencialmente lo mismo: *habilidades cognitivas, habilidades* o *herramientas mentales, habilidades subyacentes, herramientas o habilidades de aprendizaje, habilidades de procesamiento,* e *inteligencia.* ¡No se sienta confuso! En nuestro vocabulario sobre el aprendizaje estos términos son sinónimos. Para los propósitos de este libro, entendemos que habilidades cognitivas son las habilidades mentales que utilizamos para aprender.

He aquí una simple fórmula para ayudarle a entender la importancia de la fortaleza de las habilidades mentales:

- Cuando las habilidades cognitivas son fuertes, el aprendizaje académico será rápido, fácil, eficiente e incluso divertido.
- Cuando las habilidades cognitivas son débiles, el aprendizaje académico será, cuanto menos, un problema.
- Las habilidades cognitivas son, por lo tanto, las herramientas esenciales para el aprendizaje.

Tenga presentes estos puntos en su mente a medida que examinamos más de cerca las habilidades mentales.

Las habilidades mentales o cognitivas pueden parecer un poco misteriosas, porque no son sencillas de ver o reconocerse por sí mismas. Pero sin nuestras habilidades cognitivas subyacentes, usted y yo no podríamos procesar la información que recibimos de nuestro entorno a través de los sentidos del oído, el tacto, la vista, el gusto y el olfato.

Cuando comprenda dónde encajan las habilidades cognitivas en el proceso de aprendizaje, verá lo importantísimas que son, lo que nos conduce a otra cuestión de vital relevancia: ¡Las habilidades cognitivas pueden cambiar! Así es, las habilidades cognitivas, las habilidades de aprendizaje, las habilidades subyacentes, las herramientas de aprendizaje (no importa cómo las llamemos) se pueden mejorar, fortalecer y perfeccionar, con independencia de la edad de la persona.

Nadie tiene que quedarse para siempre con los niveles de habilidad subyacentes que tiene ahora. No hay razón para que usted, su hijo o alguien por quien se preocupe no pueda ser un mejor estudiante.

EINSTEIN SEÑALA

No se trata de cuánto sabes (la información que llena tu cabeza) sino de la eficacia con la que procesas la información que has recibido. Las habilidades cognitivas son los procesadores de esta información entrante.

En otras palabras, las habilidades cognitivas se usan para:

1) prestar atención y retener información
2) procesar, analizar y almacenar hechos y sentimientos; y
3) crear imágenes mentales, leer palabras y entender conceptos

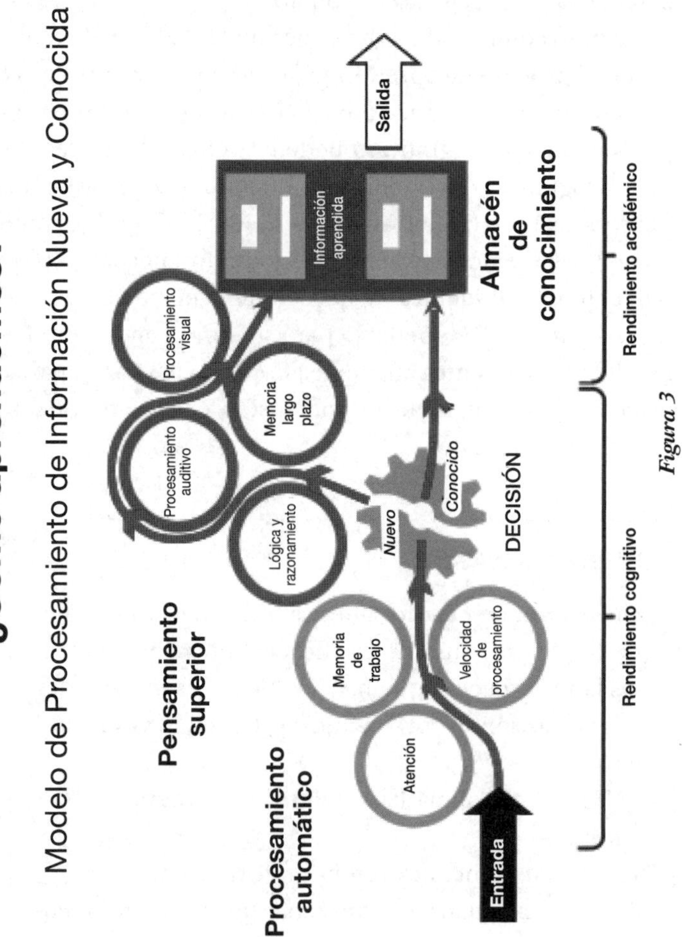
¿Cómo aprendemos?
Modelo de Procesamiento de Información Nueva y Conocida
Procesamiento automático
Pensamiento superior
Entrada
Atención
Memoria de trabajo
Velocidad de procesamiento
Lógica y razonamiento
Procesamiento auditivo
Procesamiento visual
Memoria largo plazo
Nuevo
Conocido
DECISIÓN
Información aprendida
Almacén de conocimiento
Salida
Rendimiento cognitivo
Rendimiento académico

Figura 3

Explorando cómo aprendemos

El aprendizaje es principalmente una función cognitiva. Toda la información que recibimos debe ser procesada con una serie de habilidades cognitivas. Intente el siguiente ejercicio. Consulte el modelo *(Véase figura 3)* para comprender mejor el proceso de aprendizaje.

Para empezar, deletree su nombre lo más rápido que pueda...

Examinemos las habilidades cognitivas empleadas en abordar esta simple tarea. La información llega al leer o escuchar las instrucciones: «Deletree su nombre en voz alta». Como parte de un proceso automatizado, se presta atención a la solicitud, se almacena en la memoria de trabajo, y se empieza a procesar. A continuación, se decide responder. Usted toma la decisión interna y ejecutiva ya que se trata de una petición sencilla; que realmente no da que pensar, porque ya tenía la respuesta almacenada en su almacén de conocimientos. Usted selecciona directamente desde allí la información adecuada (la ortografía de su nombre), y lo expresa sin dudar. Esto le permite manejar este ejercicio de forma rápida y sencilla, ya que era información previamente conocida o familiar.

Ahora intente lo siguiente: deletree al revés, lo más rápido que pueda y sin mirarlo (Washington), el apellido del primer presidente de Estados Unidos.

Una vez más, el procesamiento automático se activa al recibir la información; hay que leer o escuchar, atender, procesar y recordar la solicitud. Pero esta vez la respuesta no es automática, en su lugar se toma la decisión interna y ejecutiva de que algo acerca de esta petición es nuevo o desconocido. Hay que pensar en ello utilizando una o más de sus habilidades de pensamiento superior. Había que elaborar un plan de acción (utilizando la lógica y el razonamiento). El plan puede haber sido crear una imagen mental (usando procesamiento visual) de la palabra «Washington». Puede haber sido necesario repetir el nombre varias veces para escuchar los sonidos por separado (mediante procesamiento auditivo) y luego recuperar los códigos de letras (con la memoria a largo plazo) que representan los sonidos individuales antes de crear la imagen de la palabra y decir en voz alta las letras (como respuesta). El uso de todas estas habilidades establecerá una huella en su almacén de conocimiento. La repetición de esta actividad varias veces le permitiría deletrear «Washington» de manera más automática y hacer mucho más fácil la tarea de deletreado al revés de otras palabras.

Este proceso de impresión se puede ilustrar imaginando que tiene que caminar desde su casa al buzón a través de una gruesa capa de nieve fresca. La primera vez, el viaje sería un reto en sí mismo, que exigiría concentración y esfuerzo extra. El primer viaje dejaría una huella definida. Después de varios viajes similares, el camino sería tan profundo y claro que podría ir andando a recoger su correo sin pensar a dónde va. Si se hace el ejercicio anterior (o cualquier tarea mental) suficientes veces, con suficiente variedad e intensidad, la impronta creada por esos ejercicios se convertirá en una sólida y permanente vía mental.

El aprendizaje requiere de la coordinación y la cooperación entre las habilidades cognitivas de procesamiento automatizado y pensamiento superior. A continuación veremos cómo la debilidad en cualquiera de estas habilidades mentales puede afectar a su rendimiento:

- Si la **atención** es débil, puede que nunca escuche correctamente lo que se le pide.
- Si la **memoria a corto plazo** es débil, puede olvidar la solicitud antes de responder, y tal vez necesite que se la repitan.
- Si la **velocidad de procesamiento** es lenta, la petición puede resultar demasiado compleja, lo que hará necesario que se repita la petición.
- Si la **lógica y el razonamiento** son débiles, es posible que no logre encontrar una solución.

- Si el **procesamiento auditivo** es débil, puede que no sea capaz de distinguir los sonidos de «Washington».
- Si la **memoria a largo plazo** es débil, es posible que no sea capaz de recordar las letras que representan los sonidos de «Washington».
- Si el **procesamiento visual** es débil, puede que no haya sido capaz de crear en su cabeza una imagen de la palabra.

La cuestión es que si cualquiera de estas habilidades cognitivas es débil, será un obstáculo para su desempeño.

2. ¿Qué tipo de herramientas de aprendizaje son las habilidades cognitivas?

Las habilidades cognitivas fuertes hacen que el aprendizaje y el trabajo sean más fáciles, más rápidos y más eficientes.

En gran medida, la calidad de las herramientas de aprendizaje del niño determinan cómo va en el colegio. ¿Ha intentado alguna vez realizar un proyecto de construcción sin las herramientas adecuadas? ¡Qué frustrante, por no hablar de lo caro que puede resultar! Es mucho más fácil y más eficiente construir una casa con herramientas eléctricas de la mejor calidad que con un simple martillo y un destornillador. El proceso de aprendizaje es similar. El aprendizaje efectivo depende de la eficacia de herramientas subyacentes.

En la década de 1980, los científicos comenzaron a descubrir y documentar hechos que demuestran que los individuos no tienen que conformarse con el nivel de eficiencia que tienen sus habilidades cognitivas en un momento dado. Las herramientas de pensamiento y aprendizaje pueden cambiarse y mejorarse. Esto significa que cualquier persona puede aprender y trabajar de manera más fácil, más rápida y más eficiente. La ciencia moderna ha hecho posible determinar si nuestro cerebro está funcionando correctamente o no, y cómo corregir el fallo. Literalmente, podemos hacer que nuestro cerebro funcione mejor.

La ciencia nos ha ayudado a comprender con estudios neurológicos cómo funciona el cerebro utilizando, entre otras herramientas, las imágenes por resonancia magnética funcional (RMF). Este proceso de imágenes del tejido blando, en alta resolución, nos permite observar realmente el funcionamiento del cerebro. Una RMF puede mostrar cambios en la oxigenación de la sangre gracias a las propiedades magnéticas de la hemoglobina en la sangre. Cuando el cerebro está funcionando, el aumenta del flujo sanguíneo es visible donde hay actividad neuronal.

Los estudios que utilizan la tecnología RMF pueden documentar áreas activas en el cerebro de buenos y malos lectores mientras leen. Surge un patrón interesante *(Véase figura 4)*. Los buenos lectores utilizan vías en su mayoría ubicadas en la parte posterior del cerebro (la región occipito-temporal, el área responsable de la decodificación automática) y una actividad limitada en la parte frontal (área de Broca y sistema parieto-temporal). Los malos lectores, sin embargo, muestran hipoactivación en la parte posterior del cerebro y hiperactivación en la frontal (la zona utilizada también por los nuevos lectores para analizar las formas de las letras y palabras desconocidas).

Al identificar con precisión el área del cerebro que más se usa durante la lectura, hemos sabido que los lectores principiantes y los malos lectores se ven obligados a utilizar vías más lentas en prácticamente cada palabra, mientras que las personas que leen con fluidez

LA CIENCIA REVELA LA ACTIVIDAD CEREBRAL DURANTE LA LECTURA

La actividad cerebral se diferencia entre los buenos lectores y los malos lectores.

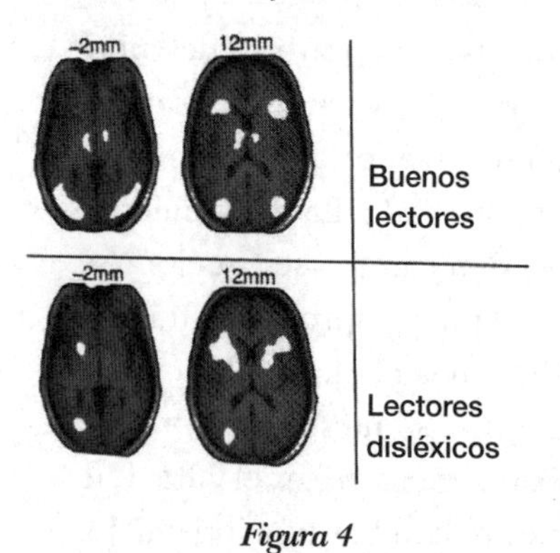

Figura 4

utilizan una ruta más automática para ver una palabra y asignar correctamente su pronunciación y significado. Esta idea nos permite medir la efectividad de varias estrategias de recuperación de la lectura. La evidencia sigue demostrando que la exposición a un entrenamiento intenso y eficaz de la lectura puede realmente crear mejores herramientas mentales para la misma. Esto se demuestra en la transferencia de la actividad cerebral de las áreas comunes de los malos lectores a los centros de procesamiento automático más eficientes que utilizan de forma natural los buenos lectores.

Mejores herramientas equivalen a un trabajo mejor, más rápido. Mejores habilidades cognitivas equivalen a un mejor aprendizaje, más fácil, más rápido. Un mejor aprendizaje produce un mayor éxito académico y laboral, una mayor autoestima así como opciones y expectativas más amplias en la vida.

3. ¿Cómo afectan las habilidades cognitivas al rendimiento?

De manera similar al uso médico del ultrasonido o la resonancia magnética funcional, es posible obtener una imagen de nuestras habilidades cognitivas subyacentes. Las pruebas adecuadas nos permiten averiguar la causa y el efecto de las relaciones entre nuestras habilidades de aprendizaje y las actividades académicas y laborales a las que afectan directamente.

A continuación se presentan dos ejemplos de habilidades de aprendizaje (o cognitivas) débiles:

EJEMPLO 1:

Si un estudiante tiene dificultades al pronunciar y deletrear palabras, puede que sus habilidades de procesamiento auditivo sean débiles. Para pronunciar y deletrear palabras es esencial tener fuertes habilidades de procesamiento auditivo, que permiten mezclar, segmentar y analizar sonidos.

- La causa del problema: debilidad en la mezcla, segmentación y análisis de sonido.
- El efecto del problema: mala ortografía y lectura.

EJEMPLO 2:

Para resolver un problema de matemáticas es esencial visualizar la situación. Si un niño tiene dificultades para visualizar, es probable que tenga dificultades con los ejercicios de matemáticas, la memoria y la comprensión.

- La causa del problema: débil capacidad para crear imágenes visuales mentales.
- El efecto del problema: mala memoria, comprensión y capacidad para la resolución de problemas.

Hay una conexión directa entre ciertas habilidades y el éxito en el aprendizaje. En los ejemplos anteriores, el estudiante puede esperar mejorar su capacidad de leer y escribir palabras después de corregir y fortalecer las habilidades subyacentes de mezcla, segmentación y análisis de sonidos. Resolver problemas de matemáticas será más fácil después de mejorar las habilidades de visualización.

Esto conduce a un hecho evidente. Si puede identificar la(s) debilidad(es) en las habilidades cognitivas del niño, se puede aplicar un entrenamiento para corregir los problemas de fondo.

4. ¿Cómo podemos determinar la solidez de las habilidades cognitivas?

Afortunadamente, tenemos dos opciones para evaluar la fortaleza de las habilidades cognitivas: observación y pruebas.

OPCIÓN 1: Observación

Con una considerable inversión de tiempo y esfuerzo, un padre o algún otro observador puede hacer una lista de todas las actividades que le resultan difíciles a un niño. A continuación, el proceso para determinar qué habilidades subyacentes son fundamentales para completar con éxito esas actividades es relativamente sencillo. Lo más probable es que una o más de las habilidades mentales sea débil y por lo tanto sea la causa del bajo rendimiento del alumno.

El problema con este tipo de observación y análisis es que desarrollar la necesaria capacidad de observación puede llevar mucho tiempo (puede que años, de hecho). Además, se requiere un conocimiento exhaustivo de las habilidades cognitivas y de la parte que cada habilidad juega en el aspecto académico y otras actividades. La mayoría de la gente no tiene un conocimiento adecuado de las habilidades cognitivas para llevar a cabo una observación tan exhaustiva. Además, incluso si se posee esta capacidad, habría que probar esas habilidades de manera objetiva para confirmar la precisión de sus observaciones y evaluaciones.

Para ilustrar este punto, piense de esta manera: incluso un mecánico de automóviles altamente cualificado no se fía únicamente de los síntomas que le explican, o incluso de lo que oye, huele, y ve cuando le llevan un coche a reparar. En su lugar, mete el coche en el garaje, lo conecta a sofisticados equipos de diagnóstico, y lo somete a pruebas específicas para ver si sus primeras impresiones eran exactas. Ocurre exactamente lo mismo con las habilidades cognitivas. Las pruebas objetivas, en lugar de confiar solo en la observación, son la forma más fiable de identificar y medir el nivel de una habilidad cognitiva subyacente.

OPCIÓN 2: Pruebas

Las pruebas diseñadas correctamente sondean directamente las habilidades mentales subyacentes de una persona. En el campo de la mejora del aprendizaje a través del entrenamiento de las habilidades cognitivas, el objetivo principal de las pruebas es identificar la(s) causa(s) de las limitaciones en el aprendizaje y el rendimiento. Mediante la identificación y la medición de los niveles de cualificación individuales, se puede determinar la calidad de las herramientas de aprendizaje de un alumno.

Como se señaló anteriormente, las pruebas académicas o de rendimiento no son lo mismo que las pruebas de habilidades cognitivas, y es importante no confundir ambas. La medición del nivel de habilidad académica de un niño se realiza a través de las pruebas de rendimiento, las calificaciones y el resultado en relación con sus compañeros. Las pruebas cognitivas identifican y miden los niveles específicos de rendimiento de las habilidades subyacentes. No mide lo bien que se recuerdan las fechas históricas. Mide la eficiencia de su capacidad de almacenar y recuperar la información.

Varios sistemas de pruebas miden las habilidades cognitivas. Sin embargo, hay que tener cuidado con cualquier prueba de habilidades cognitivas que solo informe con una puntuación (como un CI). Una sola puntuación puede ser un promedio de hasta nueve puntuaciones, pero eso es todo, una media. Estas pruebas de puntuación individuales, reportadas como índice de inteligencia, hacen poco para identificar y señalar las especiales fortalezas y debilidades que se promedian en conjunto para obtener la puntuación. Debido a la falta de información específica, a menudo enmascaran tanto el problema de habilidades de aprendizaje como las posibles soluciones.

Se necesita un conocimiento específico de las habilidades individuales para poder atacar y corregir las debilidades que obstaculizan el aprendizaje de forma específica. El test de Gibson de habilidades cognitivas (TGHC) se está utilizando internacionalmente para medir de forma individual cada una de las habilidades. Identifica y examina una amplia serie de habilidades cognitivas subyacentes de manera que puedan determinarse las causas específicas de las dificultades de aprendizaje.

EL TEST DE GIBSON DE HABILIDADES COGNITIVAS MIDE DIFERENTES HABILIDADES:

- Velocidad de procesamiento
- Procesamiento auditivo
- Procesamiento visual
- Lógica y razonamiento
- Memoria de trabajo
- Memoria a largo plazo
- Atención

Entender las habilidades cognitivas clave

A largo plazo, el valor práctico de comprender cuáles son las habilidades cognitivas de un niño resulta inconmensurable. Finalmente se dispone de respuestas para las dos cuestiones más importantes que se plantean al enfrentarse a las dificultades de aprendizaje:

1. ¿Por qué existe el problema?
2. ¿Qué puedo hacer para superarlo?

El test de Gibson de habilidades cognitivas se diseñó como herramienta para padres y profesionales con el fin de conocer las habilidades cognitivas específicas de los estudiantes. Esta información, así como las conclusiones de una consulta profesional, revelarán claramente las opciones específicas disponibles para superar con éxito el reto de aprendizaje más que simplemente manejar un problema del alumno en el aula.

Sin lugar a dudas, las habilidades cognitivas fuertes son de vital importancia para el éxito del aprendizaje. Vamos a ob-

EINSTEIN SEÑALA

Las pruebas del Test de Gibson están disponibles a través de los Centros BrainRx. Normalmente, las pruebas son solo una parte del precio que cobran otros profesionales, debido a que al énfasis se pone en las habilidades cognitivas, no solo en pruebas y diagnóstico (para más información vea: www.braintraininggym.com).

servar más de cerca algunas de estas habilidades cognitivas y de procesamiento que ayudan a un niño a lograr mejores resultados en el colegio y en la vida.

5. ¿Qué habilidades cognitivas son más importantes?

Como el cerebro es un órgano tan sofisticado, el aprendizaje es un proceso complejo. Muchas de las habilidades cognitivas interrelacionadas contribuyen al éxito académico y profesional.

A grandes rasgos, estas habilidades fundamentales son las siguientes:

- Atención
- Memoria de trabajo
- Velocidad de procesamiento
- Memoria a largo plazo
- Procesamiento visual
- Procesamiento auditivo
- Lógica y razonamiento

Estas habilidades son interdependientes. A menudo se solapan con otras habilidades en su funcionamiento, cuando todos los bits de información que entran en el cerebro se procesan y actúan en consecuencia.

La lista detallada que figura a continuación muestra cómo cada habilidad se conecta a la tarea de aprendizaje que favorece. La fortaleza o debilidad de una de estas habilidades impacta en la eficacia general de otras habilidades.

Lea esta lista con atención. Verá cómo cada habilidad contribuye y debe funcionar bien para que el aprendizaje general pueda ser fácil, rápido y eficaz. También se dará cuenta de que tanto las razones que le permiten avanzar como las que dificultan el aprendizaje no son tan misteriosas como pueden parecer.

Atención

- La atención sostenida le permite permanecer concentrado en la tarea por un determinado período de tiempo.
- La atención selectiva le permite permanecer en su tarea, incluso cuando haya alguna distracción.
- La atención dividida le permite gestionar dos o más tareas al mismo tiempo.

Observe: La incapacidad para permanecer concentrado en la tarea durante largos períodos de tiempo, ignorar las distracciones, o realizar varias tareas a la vez limitará el resto de las habilidades cognitivas del alumno, lo cual influirá en todas las áreas académicas.

La memoria de trabajo

- La memoria de trabajo es la capacidad para retener información durante cortos periodos de tiempo, mientras se procesa o se usa.

Observe: El aprendizaje se resiente si la información no puede ser retenida el tiempo suficiente para ser manejada adecuadamente.

Velocidad de procesamiento

- La velocidad de procesamiento es la velocidad a la que el cerebro administra la información.

Observe: Si la velocidad de procesamiento es lenta, la información contenida en la memoria de trabajo puede perderse antes de que pueda ser utilizada, y el estudiante tendrá que comenzar de nuevo.

Memoria a largo plazo

- La memoria a largo plazo es la capacidad de almacenar y recordar la información para su uso posterior.

Observe: Si la capacidad de almacenar y recuperar la información es escasa, el resultado serán conclusiones erróneas y respuestas incorrectas.

Procesamiento Visual

- Procesamiento visual es la capacidad de percibir, analizar y pensar en imágenes visuales.
- Discriminación visual es ver las diferencias en tamaño, color, forma, la distancia y la orientación de los objetos.
- La visualización es la creación de imágenes mentales.

Observe: Cuando la imagen visual es pobre, los problemas de matemáticas y comprensión por ejemplo, que requieren que el alumno se haga una idea mental del concepto o del objeto resultan difíciles.

Procesamiento auditivo

- El procesamiento auditivo es la capacidad de percibir, analizar y conceptualizar lo que se escucha y es una de las principales habilidades subyacentes necesarias para aprender a leer y escribir.
- La discriminación auditiva es escuchar las diferencias en los sonidos, incluyendo el volumen, el tono, la duración y el fonema.
- La conciencia fonológica es la capacidad de segmentar sonidos, combinarlos para formar palabras, dividir palabras en sonidos diferentes, y manipular y analizar los sonidos con el fin de determinar el número, la secuencia y los sonidos dentro de una palabra.

Observe: Si la mezcla, la segmentación y el análisis de sonido es débil, la pronunciación de palabras al leer y deletrear será difícil y propensa a errores.

Lógica y Razonamiento

- La lógica y habilidades de razonamiento son las habilidades de razonar, priorizar y planificar.

Observe: Si estas habilidades no son fuertes, las actividades académicas tales como la resolución de problemas, matemáticas y comprensión resultarán difíciles.

El aprendizaje es complejo, pero no misterioso

Verdaderamente, aprender es un proceso complicado, acaso más complicado de lo que nunca se imaginó. Pero no tiene que ser un misterio. La buena noticia es que con la información y el entrenamiento correcto, cualquiera puede aprender mejor, más rápido y más fácilmente. Con el enfoque correcto para el fortalecimiento de las habilidades cognitivas, se pueden superar las dificultades de aprendizaje.

Así que ¿cuál de las habilidades de aprendizaje es la fundamental? Para su hijo, será en concreto la más débil, esa que le causa las mayores dificultades en el colegio.

RESUMEN

- Las habilidades cognitivas son las capacidades mentales subyacentes y no son lo mismo que los conocimientos académicos adquiridos en el aula.
- Las habilidades cognitivas pueden cambiar y mejorar.
- El mal funcionamiento de las habilidades cognitivas hacen que el aprendizaje sea difícil y frustrante.
- Las pruebas de habilidades cognitivas específicas son la mejor manera de identificar qué habilidades cognitivas son la causa de las dificultades de aprendizaje y precisan ser fortalecidas.
- Con la información y la formación correctas, cada niño puede disfrutar de un aprendizaje fácil, rápido y divertido.

MOMENTO EINSTEIN

La lógica te llevará desde A hasta B. La imaginación te llevará a todas partes. A. Einstein

---

CAPÍTULO 4

EL INCREÍBLE CEREBRO, SIEMPRE CAMBIANTE

Debido a los grandes avances en las técnicas de investigación, como la toma de imágenes mediante resonancia magnética funcional (RMF), en la actualidad es posible, literalmente, observar y entender lo que pasa en nuestro cerebro. Podemos ver el impacto de las habilidades que se utilizan al mismo tiempo que se están usando. A medida que vamos conociendo la ciencia subyacente de cómo funciona el cerebro y cómo se puede cambiar, entendemos que con el entrenamiento adecuado es posible conseguir mejoras notables en las habilidades cognitivas. Por tanto, resulta sencillo ver la manera en que las mejoras afectan al aprendizaje y a la lectura y a las habilidades para la lectura.

Desde la década de 1980, los asombrosos avances en la neurociencia han revelado no solo cómo funciona el cerebro, sino también la forma en que se puede cambiar y desarrollar. Esta revolución, poco difundida, abre muchas nuevas puertas para mejorar la forma de entrenar las habilidades de aprendizaje. Si su hijo o alguien que le preocupa, tiene dificultades de aprendizaje, ¡no se desanime! Estos descubrimientos sobre el cerebro le van a hacer confiar en que esas dificultades se pueden superar.

Yo denomino revolución poco difundida a estos avances científicos de la investigación sobre el cerebro, porque gran parte de esta investigación no ha encontrado su lugar en la corriente dominante de pensamiento de los educadores, sobre todo entre los que se dedican a ayudar a estudiantes con dificultades de aprendizaje. Puede que esta sea la primera vez que oye o lee algo acerca de muchos de estos hallazgos, incluso aunque lleve mucho tiempo buscando respuestas a las dificultades de aprendizaje.

Aquí están algunos hechos que probablemente le resulten alentadores,

La investigación muestra que las neuronas vecinas se activan regularmente cuando una persona debe aprender una nueva tarea. Una vez dominada, las neuronas prestadas regresan a sus funciones.

La estructura del cerebro no queda fijada permanentemente al nacer.

Existen nuevas evidencias que confirman que las habilidades mentales están cambiando constantemente *(Véase figura 5)*. El cerebro opera a través de un complicado entramado de células neuronales o neuronas, y sus diferentes grupos realizan tareas específicas. La investigación muestra que las neuronas vecinas normalmente se activan cuando una persona debe aprender una nueva tarea. Una vez dominada, las neuronas prestadas regresan a sus funciones.

La neuroplasticidad es una palabra relativamente nueva que define la habilidad de las células neuronales para cambiar y modificar sus actividades en respuesta a los cambios del entorno. La repetición o práctica de una tarea fortalece las conexiones neuronales y aumenta la certeza de un evocación más precisa de las actividades de trabajo cuando es necesario.

A modo de ejemplo, los estudios de investigación de violinistas mediante RMF revelaron que las áreas del cerebro involucradas con la mano izquierda (cuyos dedos pisan las cuerdas) son sustancialmente mayores. Así, la parte del cerebro que se utiliza para esta tarea, el córtex motor, crece para acomodarse a las demandas del aprendizaje. Una vez que las habilidades se dominan y se vuelven automáticas, el área necesaria en el córtex se reduce y el cerebro se prepara para recibir una nueva tarea de aprendizaje. Más que estar encerrado en una estructura fija, el cerebro es capaz de adaptarse a cada nuevo reto de aprendizaje.

El cerebro se enfrenta a expectativas y datos incompletos.

CAMBIO EN LAS HABILIDADES MENTALES CON LA EDAD

Este gráfico muestra los cambios naturales en tres habilidades cognitivas durante toda la vida. Habilidades pico entre los veinticinco y los treinta años.

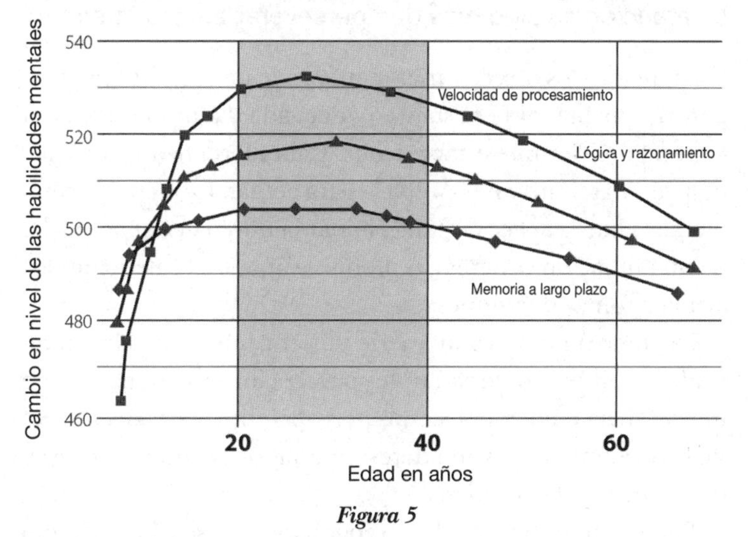

Figura 5

La información que recibe el cerebro da forma a la manera en que se prepara para la siguiente llegada de información. Se organiza física y químicamente para recibir más. Visualmente, si la información proporcionada desde el exterior es insuficiente, el cerebro utiliza su almacén de datos para llenar los espacios en blanco.

Si usted ve la parte delantera izquierda de un coche en el espejo retrovisor, asume que hay un coche completo en el carril de al lado. Sin embargo, si su cerebro no tuviera antecedentes suficientes, podría llenar ese espacio en blanco de forma incorrecta.

He aquí otro ejemplo común: técnicas de lectura de palabras completas. Cuando a un alumno se le pide que lea en inglés una palabra desconocida, suele verse obligado a adivinarla en función del contexto y las pistas que pueden proporcionar las ilustraciones. No es inusual que los lectores jóvenes se equivoquen al intentar averiguar qué falta. Esto es especialmente cierto (y desalentador) para un estudiante con habilidades cognitivas débiles.

La atención es algo más que perseverar en una tarea

La atención nos ofrece varias maneras de monitorizar nuestro entorno de manera constante y adecuada. La monitorización general nos permite estar atentos. Estar alerta nos ayuda a actuar rápidamente y nos prepara para actuar. La atención también nos hace capaces de determinar la novedad y el potencial de una situación concreta. A un nivel superior, la atención nos ayuda a tomar decisiones.

La atención implica una serie de procesos que incluyen filtrado, equilibrado de múltiples percepciones y asignación de importancia emocional a estas percepciones. Estas decisiones de procesamiento vienen determinadas por el interés, el estado de alerta y la aprehensión.

Por ejemplo, una madre preocupada por su hijo enfermo estará más atenta a los cambios en la respiración del niño que a la voz de su esposo hablando por teléfono, a sus otros hijos jugando en el patio, o al diálogo de una comedia de la televisión en la habitación de al lado.

La atención selectiva es la capacidad de distinguir y concentrarse en lo que atendemos. Con ella bloqueamos o cerramos el acceso de aquello que es innecesario o debe ser ignorado. Esta capacidad protege a nuestro cerebro ante el riesgo de sufrir una sobrecarga.

Los niños autistas, por ejemplo, tienen una capacidad diferente. Para evitar una sobrecarga, cierran o bloquean todo acceso y se retiran de un mundo que normalmente les ofrece una estimulación masiva.

De manera similar, cuando hay mucho tráfico, los conductores pueden centrar su atención visual más plenamente si reducen los estímulos auditivos (por ejemplo, apagando la radio).

Su cerebro tiene un director ejecutivo

La función ejecutiva implica el más alto nivel de atención. Se trata de la función de planificación o de toma de decisiones en su cerebro que le dice que actúe o reaccione en relación con sus objetivos. Le permite determinar si lo que se ve, escucha o siente es importante y si se debe prestar atención o ignorarlo.

El déficit de atención / hiperactividad (TDAH) es la incapacidad general del cerebro de responder normalmente a su función ejecutiva. En consecuencia, hace caso omiso de su propio consejo y decide participar en actividades que son desordenadas e inapropiadas. Esto sucede porque la incapacidad del individuo para mantener la atención provoca algo así como una adicción al presente.

Un niño con TDAH demanda refuerzo inmediato. Para ese niño, el impacto a largo plazo es irrelevante. Por lo tanto, las personas que sufren dificultades de atención buscan recompensa inmediata, sin pensar en las consecuencias.

Olvidar las cosas correctas puede ser bueno

La memoria de trabajo funciona junto con la atención para no perder la información de entrada.

La memoria de trabajo funciona en el lóbulo frontal del cerebro. Este sistema evalúa la información entrante y mantiene la atención para seguir adelante. En la memoria de trabajo, la información se almacena y evalúa, y se toma la decisión de desechar la información o guardarla para ser utilizada en algún momento futuro.

La memoria de trabajo está en funcionamiento, por ejemplo, al sumar 77, 89, y 65. Después de sumar la primera columna y obtener una resultado de 21, hay que recordar 2 para agregarlo al total de la segunda. La memoria de trabajo nos permite trabajar más rápido mediante la retención de cierta información que necesitaremos volver a utilizar enseguida, en lugar de perder tiempo al escribirlo o rehacer la tarea porque nos hemos olvidado de algo.

Una de las principales funciones de la memoria de trabajo es evitar que la información inútil se codifique en la memoria a largo plazo. La información innecesaria puede distraer nuestra atención de lo que realmente nos importa. La memoria de trabajo de nuestro cerebro filtra la información periférica, como bocinas o perros ladrando, impidiendo que acceda y llene la memoria a largo plazo.

La memoria de trabajo y la memoria a largo plazo trabajan juntas para darnos la capacidad de priorizar la información que recibimos. El olvido puede ser frustrante, incluso algo embarazoso pero, curiosamente, es necesario. Si no fuera por el olvido, nuestros cerebros estarían abarrotadas de datos inútiles.

Los recuerdos a largo plazo están conectados en red

Después de tomarse la decisión de conservar los datos, se envían a diferentes partes del cerebro donde se ordenan en función de su olor, color, forma, y así sucesivamente. La emoción juega un papel muy importante en este proceso: cuanto más fuerte es el sentimiento causado por el recuerdo, más fácilmente se recordará después. La práctica o el ejercicio también fortalecen la memoria a largo plazo.

Las diversas partes y piezas de un solo recuerdo se almacenan en diferentes redes de neuronas por todo el cerebro. La formación y la recuperación de un recuerdo se ve influida por el estado de ánimo, el entorno y las circunstancias en el momento de formarse o recuperarse. Los recuerdos pueden ser diferentes cada vez que los evocamos.

Los científicos han observado que nuestra interpretación se añade durante la transferencia de información entre la memoria de trabajo y la memoria a largo plazo. Esto significa que podemos estar seguros de que en realidad no podemos estar seguros de nuestra memoria.

Los recuerdos se pueden mejorar

En un proceso que los científicos denominan potenciación a largo plazo, algunos recuerdos se codifican y se refuerzan (y otros se debilitan) cada vez que la repetición de una nueva experiencia provoca actividad neuronal a través de las sinapsis entre las células neuronales.

Práctica, práctica y más práctica hace cada vez más fuertes los enlaces entre las células que las rodean y consigue involucrar más neuronas. El resultado es toda una red de neuronas que participan en el recuerdo de la habilidad, la palabra o el evento —no importa que se trate de aprender un nuevo idioma, perfeccionar nuestro juego de golf o aprender nuevos conceptos de matemáticas—.

La memoria puede seguir siendo fuerte, incluso a medida que envejecemos. El cerebro adulto sigue siendo resistente, adaptable y siempre con ganas de aprender.

La memoria puede seguir siendo fuerte, incluso a medida que envejecemos. El cerebro adulto sigue siendo resistente, adaptable y siempre ávido de aprender. David Snowden, profesor de la Universidad de Kentucky, observó esta capacidad en un estudio titulado *678 Monjas y un científico.* Sus estudios versan sobre las Hermanas de Notre Dame, un convento en Mankato, Minnesota. Las monjas suelen llegar a los noventa años, muchas de ellas incluso a los cien. Sus vidas son mentalmente muy rigurosas y sus ocupaciones muy trascendentes.

Apoyando las observaciones de Snowden, estudios PET (tomografía por emisión de positrones) realizados por otros investigadores muestran los lóbulos frontales de personas de veinticinco y setenta y cinco años, con la misma iluminación, cuando realizan las mismas pruebas de memoria. Esta investigación ha demostrado que las actividades de desafío intelectual estimulan el crecimiento de las dendritas, que agregan conexiones neuronales en el cerebro. El cerebro se modifica a sí mismo para acomodarse al aprendizaje, sin importar la edad.

La dislexia es una disfunción cerebral que puede ser corregida

Es muy importante entender esta afirmación. La dislexia simplemente significa tener problemas con la lectura. Las dificultades vienen en una amplia variedad de maneras. Por ejemplo, algunas personas con dislexia tienen dificultades con cierta consonantes cortas (como b y d), mientras que muchos otros tienen problemas para distinguir los sonidos de las vocales. El entrenamiento cognitivo les ayuda a identificar mejor, dividir, mezclar, y analizar los fonemas (sonidos) del lenguaje con mayor claridad y precisión.

Los investigadores han visto que durante los primeros seis meses de vida, cuando los sonidos se están cableando en el cerebro del bebé, hay células nerviosas que pueden aglomerarse en el centro de idiomas, lo que interferirá con la capacidad de recibir y transmitir ciertos mensajes. Afortunadamente, esta no tiene por qué ser una condición permanente. Debido a la extrema capacidad de adaptación del cerebro, la formación cognitiva puede reestructurar estas vías, y eliminar los atascos para permitir que los mensajes fluyan más suavemente.

Con la llegada del sistema RMF podemos ver el cambio en las interconexiones en el cerebro como resultado del entrenamiento especializado de las habilidades cognitivas. Por ejemplo, en un buen lector, un área en la región occipito-temporal es más activa, mientras que en un mal lector, la actividad se encuentra dispersa en numerosas áreas. Después de un período de entrenamiento cognitivo basado en la función auditiva, los patrones previamente dispersos de la actividad en un mal lector (según lo revelado por las imágenes de resonancia magnética funcional) se transforman en un patrón similar al del buen lector. El cerebro cambia, ¡y podemos verlo!

Los padres influyen en el desarrollo del cerebro

La calidad y la profundidad de la información recibida de los padres parece importar en gran medida. El refuerzo positivo y la cantidad de tiempo empleado en conversar con los niños, en particular durante su segundo año de edad, parece tener un importante impacto en el desarrollo del cerebro.

En la Universidad de Chicago, los estudios comparativos de la psicóloga Janellen Huttenlocher entre familias de profesionales, empleados y las que viven de la beneficencia, revelan que sus hijos escucharon 2.100, 1.200, y 600 palabras por hora, respectivamente. Por otra parte, el refuerzo positivo se produce un promedio de treinta veces por hora en los hogares de profesionales, quince en los familias de la clase trabajadora, y solo seis veces por hora entre las familias de clase social más baja.

La calidad y la cantidad de estas aportaciones está directamente relacionada con el desarrollo del cerebro y el vocabulario en años posteriores. Algunos niños lo captan de modo natural. Otros no lo hacen.

La práctica y la recompensa también cambian el cerebro

Como hemos dicho, el seguimiento del cerebro de los violinistas por RMF revela que las áreas del cerebro involucradas con la mano izquierda (que se usa para pisar las cuerdas) son sustancialmente mayores. La corteza motora crece para acomodarse a las demandas del aprendizaje. La práctica hace cambiar al cerebro. También se ha probado, de manera concluyente, que el refuerzo hace que los vínculos de la memoria sean más fuertes porque más neuronas pueden aprender el código. Por este motivo las recompensas, incluidos los elogios, deben formar parte de cualquier formación de nuevas habilidades que pretenda ser eficaz.

El sueño es importante para el aprendizaje

Incluso mientras dormimos, nuestro cerebro trabaja en la clasificación y almacenamiento de datos en nuestra memoria. Las investigaciones indican que el sueño interrumpido deliberadamente en ciertos momentos durante el ciclo natural puede bloquear el aprendizaje. Un buen descanso es esencial para que el cerebro tenga la oportunidad y el tiempo suficiente para organizar y dar forma de recuerdos duraderos a la información que recibe durante las horas de vigilia.

¿Qué significa todo esto? La ciencia ha abierto nuevas posibilidades para la mejora del aprendizaje.

Tal vez la idea más estimulante que la ciencia nos ofrece es que no tenemos que conformarnos de por vida con lo que parece una limitación o una disfunción. El cerebro humano es capaz de increíbles cambios y modificaciones. Las habilidades cognitivas de un individuo se pueden examinar para conocer sus fortalezas y sus debilidades relativas; el cerebro es capaz de ampliarse para acomodar una mayor capacidad cognitiva. Si el cerebro es entrenado para trabajar más rápido y de manera más eficiente, el aprendizaje puede progresar de manera sustancial.

Podemos establecer nuevos retos para nosotros mismos, adquirir nuevas habilidades, y fijar nuestra vista en nuevos horizontes con la seguridad de que nuestra motivación (y nuestros cerebros) nos puede llevar mucho más allá de lo que podríamos imaginar. Basta con estar dispuestos a hacer el trabajo y a armarnos con las herramientas de formación adecuadas.

¡El cerebro es realmente increíble!

RESUMEN

- El cerebro es capaz de crecer y cambiar a lo largo de la vida.
- Pocas personas funcionan por naturaleza cerca de los límites superiores innatos de su capacidad de aprendizaje.
- La investigación contemporánea del cerebro muestra que la debilidad de las habilidades cognitivas se puede identificar y superar, haciendo el aprendizaje más fácil.
- La repetición y la práctica ayudan al cerebro a realizar un mejor trabajo de recuerdo.
- Entrenar las habilidades cognitivas puede reestructurar vías cerebrales para mejorar la lectura y otras habilidades de aprendizaje académico.
- Los padres tienen una tremenda influencia sobre el vocabulario y el lenguaje de los hijos.
- Podemos cambiar nuestro cerebro y nuestra capacidad cerebral para manejar la información si estamos motivados para crecer y aprender.

MOMENTO EINSTEIN

En medio de la dificultad reside la oportunidad. A. Einstein

CAPÍTULO 5

HERRAMIENTAS Y FASES PARA SUPERAR LAS DIFICULTADES DE APRENDIZAJE

Los estudios sobre el cerebro vienen a confirmar lo dicho antes: ningún niño tiene por qué soportar la continua frustración de las dificultades del aprendizaje.

Ya hemos establecido que, desde el nacimiento, el cerebro está en cambio constantemente: esta es la llamada neuroplasticidad. El cerebro se puede modificar de manera específica mediante una correcta estimulación. El estímulo más deliberado y útil es un entrenamiento cuidadosamente diseñado. Podemos afirmar que las dificultades de aprendizaje a las que se enfrenta su hijo pueden ser superadas si se aplica un correcto entrenamiento cognitivo.

Veamos algunas de las técnicas de entrenamiento general que utilizan los profesionales del entrenamiento en habilidades cognitivas: un grupo de individuos solidarios y con gran dedicación con quien me honro en estar asociado.

Las nuevas actividades amplían la capacidad el cerebro

Cuando se aprende una nueva tarea o se adquieren nuevos conocimientos, el recuerdo se asigna a un área particular del cerebro. Otras células cerebrales (neuronas) son reclutadas para ayudar a procesar la nueva información en ese espacio.

Cuanto más se practica o se ensaya, más neuronas se involucran. De hecho, el espacio activo en el cerebro dedicado a este evento se amplía para dar cabida a la nueva tarea.

El entrenamiento en habilidades cognitivas aprovecha este hecho estructurando sus ejercicios de entrenamiento en un formato no académico. Los estudiantes se enfrentan así a una tarea agradable, pero poco familiar. No la pueden asociar a un vieja experiencia conocida y, por tanto, desestimarla. El nuevo desafío se traduce en nuevas conexiones en el cerebro que comienzan a establecerse tan pronto como empiezan los ejercicios.

La repetición convierte en automática una habilidad

Con la repetición, una habilidad cognitiva (o mental) puede convertirse en una «rutina» almacenada. El primer paso es llevar la habilidad a un nivel consciente mientras el estudiante piensa deliberadamente sobre la actividad que va a entrenar. Mientras se practica o ensaya durante días y semanas, la habilidad mejorada se fuerza de manera natural a un nivel subconsciente, donde quedará permanentemente almacenada para su recuerdo y su uso habitual (o automático). El aprendiz no tiene que pensar en ello, sino simplemente hacerlo.

Hay un paralelismo con las habilidades físicas. Por ejemplo: al aprender a montar en bicicleta cuantos más intentos hace el niño, más refuerza su cerebro las habilidades particulares necesarias para mantenerse en equilibrio y en marcha. Al poco tiempo, el niño no tendrá que parar y pensar en cada parte del proceso para mantenerse erguido, equilibrado y en movimiento, o pensar en cómo parar sin caerse. Cada vez que monte en bici, la habilidad se verá reforzada. Incluso años después, sin haber practicado más, puede volver a montar en bici, ya que la función ha quedado firmemente codificada en el cerebro.

El entrenamiento eficaz en habilidades cognitivas debe realizarse varios días a la semana, durante un período mínimo de tres meses. Esto crea suficientes repeticiones estrechamente asociadas para impulsar una habilidad recién reforzada de modo subconsciente y automático.

Los ejercicios progresivos mejoran las habilidades cognitivas

El cerebro se mantiene comprometido mientras sea necesario para manejar una tarea. El ejercicio es la repetición de una tarea individual. Las investigaciones demuestran que los ejercicios repetitivos construyen caminos más fuertes y amplían la zona adyacente del cerebro donde se está grabando la tarea. Esto implica a más neuronas para trabajar en esta habilidad y conduce a cambios más rápidos, más duraderos.

Practicar una habilidad refuerza en el cerebro las conexiones mentales que son necesarias para ejecutarlo. La repetición confirma la importancia que usted asigna a la tarea y, en consecuencia, el cerebro recluta células adicionales para grabarlo. Las capacidades naturales del cerebro se adaptan de forma rápida y permanente para establecer la nueva actividad o habilidad.

Imagina a una estrella del baloncesto practicando todos los días quinientos tiros libres. Con cada lanzamiento, el cerebro realiza una comparación automática con los tiros anteriores. Se efectúan las correcciones adecuadas en el expediente mental sobre cómo lanzar tiros libres. Esto forzosamente da lugar a una mejora progresiva en el lanzamiento de los mismos.

El buen entrenamiento en habilidades cognitivas se sirve del poder de los ejercicios repetitivos. Se estructura en ejercicios que involucran la capacidad natural del cerebro para reclutar y construir nuevas conexiones y para procesar nuevas tareas e información. El readiestramiento de las funciones débiles del cerebro comienzan a expandirse de hecho al involucrar a otras áreas pasivas. La debilidad se convierte definitivamente en fortaleza.

Las habilidades aprendidas en los primeros niveles de entrenamiento se pueden expandir en los niveles más altos. La repetición garantiza el avance y produce cambios rápidos y duraderos. Las habilidades cognitivas no se aprenden como aprendemos geografía. Se desarrollan y fortalecen con la práctica, igual que cuando aprendemos a mejorar los tiros libres.

Las células que se disparan juntas, permanecen conectadas

Las neuronas que intervienen en los mismos pensamientos y acciones repetidas desarrollan conexiones más fuertes. Independientemente de que los pensamientos y las acciones impliquen memorizar una lista de palabras, una partitura musical, hechos históricos, jugar al fútbol o las dificultades de un programa de patinaje artístico, la red de células cerebrales incorporada a la memoria de la habilidad o actividad será más fuerte y duradera.

Esta realidad significa que los procedimientos de entrenamiento del cerebro, para ser más eficaces, deben ser formateados y lanzados para afectar a grupos de habilidades cognitivas estrechamente relacionadas. Las habilidades individuales subyacentes necesitan ser trabajadas repetidamente mediante una serie de técnicas y ejercicios.

La ampliación de la función cerebral equivale a la mejora del rendimiento

He aquí la buena noticia: si al cerebro se le ofrece la oportunidad de funcionar mejor y más rápido mediante el entrenamiento, lo hará. Un cerebro sano busca por naturaleza operar de la manera más eficiente posible. Está diseñado para aprender. Si usted amplia la capacidad y las conexiones de su cerebro, este aprovechará los nuevos recursos cada vez que se enfrente a una tarea de procesamiento. Puesto que el rendimiento académico depende de la función cognitiva, aumentar las capacidades del cerebro dará lugar a un mejor rendimiento académico.

Los investigadores todavía se muestran asombrados cuando parte del cerebro de un paciente está dañado o ha sido extirpado quirúrgicamente tras una enfermedad o un accidente cerebrovascular, y sin embargo los recuerdos de las habilidades en la parte restante del cerebro persisten y pueden incluso mejorar. Con un entrenamiento deliberado, estos individuos son capaces de retener o volver a aprender habilidades con otras partes de su cerebro. Estos casos demuestran que el conocimiento se puede transferir entre las distintas partes del cerebro, y que las partes antes débiles o infrautilizadas se pueden fortalecer y reclutar para nuevas tareas.

El entrenamiento en habilidades cognitivas aprovecha la capacidad de adaptación del cerebro, concentrándose en aumentar y fortalecer la función y la eficiencia cerebral. Al construir primero una base más sólida para el aprendizaje en los estudiantes, otras actividades auxiliares, como las clases particulares, se pueden utilizar con mejores resultados si este tipo de ayuda sigue siendo necesaria para ponerse al día. Si nos centramos en primer lugar en la capacidad del alumno para aprender, el aprendizaje puede al fin (y rápidamente) mejorar para toda la vida.

Un buen entrenamiento cerebral reconoce la capacidad para realizar cambios mayores y más rápidos. Los programas deben diseñarse para durar entre tres y seis meses, nunca años.

Los cambios grandes y rápidos son importantes

Dado que el cerebro tiene el potencial de expandirse —y hacerlo de forma rápida— ¿por qué no hacerlo? Son muy pocas las personas capaces de maximizar sus dones innatos de aprendizaje. Un buen entrenamiento simplemente aprovecha una mayor parte de la capacidad cerebral.

El cerebro reconoce los grandes cambios como cambios importantes. Al principio, cuando uno se enfrenta a cambios grandes y rápidos, siente cierta aprensión. Pero, cuando estos retos se consiguen, son recompensados con un sentimiento de orgullo y mayor motivación. Se puede considerar como la recompensa por asumir el riesgo. Cuanto más grande es la recompensa y cuanto antes se conceda, mayor será la voluntad del alumno por someterse al entrenamiento. Los cambios grandes y rápidos maximizan la tendencia del cerebro para adaptarse a información importante. También maximizan la motivación y la autoestima del alumno.

Un buen entrenamiento del cerebro reconoce la capacidad para grandes y rápidos cambios y va directo a por ello. Los programas deben ser diseñados para durar entre tres y seis meses, nunca años. Para lograr este objetivo, el entrenamiento debe ser estructurado en una serie de pequeños pasos sucesivos, en los que la mejora y el cambio se pueden adquirir y reconocer rápidamente. El cumplimiento de muchas pequeñas metas puede dar lugar a grandes cambios rápidamente. Este enfoque ofrece una recompensa válida, tangible e inmediata, y además es un incentivo para seguir adelante. Las habilidades crecen y, al mismo tiempo, la autoestima recibe un impulso.

El entrenamiento efectivo impulsa la intensidad y premia a los estudiantes con un avance asequible y progresivo. Para muchos estudiantes con dificultades, tal vez sea la primera experiencia de aprendizaje eficaz que hayan tenido en años. La satisfacción que provoca el entrenamiento intenso hace que el cerebro se amplíe, y a la vez el estudiante se siente recompensado y motivado para cambiar su actitud.

El entrenamiento también debe estimular la motivación. Cada vez que un estudiante completa una serie de ejercicios, debe darse cuenta de lo mucho que sus habilidades están mejorando. Hacérselo ver positivamente, a través del refuerzo inmediato, servirá como recompensa por los esfuerzos realizados, y a la vez será un incentivo para los que quedan. Puede que el estudiante piense que el entrenamiento es duro o difícil, pero sus avances y la mejoría general le harán perseverar.

La realimentación ayuda a fortalecer las habilidades mentales

El cerebro concede valor e importancia a las asociaciones inmediatas. Las conexiones son más fuertes entre las informaciones que se asocian estrecha y repetidamente. El refuerzo inmediato proporciona este tipo de asociaciones de proximidad.

Un buen entrenamiento del cerebro debe ser diseñado para facilitar una respuesta inmediata de dos tipos: refuerzo positivo y correctivo. El entrenamiento personalizado lo hace posible. En el entrenamiento cognitivo bien diseñado, la relación personal entre el entrenador y el estudiante posibilita un refuerzo de confianza, inmediato y positivo. El estímulo proporciona una afirmación sutil y eficaz para el cerebro.

Este diseño personalizado también impide que el estudiante realice asociaciones equivocadas. No se debe permitir que el estudiante practique un ejercicio de forma incorrecta. Los errores se deben señalar de inmediato. Cuando el alumno comete un error debe empezar de nuevo, no como castigo, sino para corregir el registro de su cerebro sobre cómo se logra esa habilidad y para que quede grabada de manera correcta. Además, a medida que el entrenamiento progresa, el estudiante ha de desarrollar la capacidad de valorar su propia evolución y corregir sus propios errores. Esta es una parte esencial de la adquisición y el uso automático de cualquier habilidad nueva o mejorada.

La secuenciación es importante

El cerebro cambia físicamente y se amplía para dar cabida a nuevas tareas. Esto continuará ocurriendo siempre y cuando la tarea requiera nuevas conexiones y reclutar más neuronas. Las tareas secuenciadas no permiten que la expansión del cerebro se detenga. La capacidad se incrementa a un ritmo rápido y continuo.

El entrenamiento efectivo es secuencial. Las tareas relacionadas se agrupan para sucederse en pasos lógicos y progresivos. La secuenciación es parte de todo buen proceso de entrenamiento y proporciona confianza y grandes cambios. La secuenciación efectiva incluye pequeños desafíos accesibles, de dificultad creciente, en la tarea de entrenamiento. Si la tarea es demasiado difícil, es frustrante. Si la tarea es demasiado fácil, es aburrida. Si la tarea se secuencia correctamente, será efectiva.

Los procedimientos de formación se deben diseñar para que el alumno (y el entrenador) pueda percibir la dificultad creciente de cada ejercicio y, además, a mayor velocidad. El logro proporciona satisfacción y sirve como incentivo para que el estudiante intente el siguiente nivel de mayor dificultad. Los videojuegos son un ejemplo familiar en el que se desarrollan habilidades aisladas mediante secuenciación.

La intensidad construye habilidades cognitivas

El cerebro también asocia intensidad con importancia o valor. El miedo intenso crea recuerdos imborrables. El dolor intenso crea recuerdos imperecederos. Las conexiones cerebrales físicas son más fuertes, y a la información o a las tareas asociadas con altos niveles de intensidad se les asigna un espacio prioritario de almacenamiento.

El entrenamiento personalizado en habilidades cognitivas está diseñado para forzar el umbral de intensidad. Sin embargo, la intensidad no tiene por qué ser desagradable. Las actividades intensas, como las competiciones deportivas, son una gran oportunidad para aprender. A medida que el estudiante progresa en su capacidad y habilidad en entrenamiento cognitivo, aumenta la intensidad de la velocidad y la complejidad de los procedimientos. El reto sirve como incentivo para pasar a un nivel superior y refuerza las vías cerebrales creadas para registrar la tarea recién adquirida para su uso futuro. Este es el desarrollo del procesamiento automático (un hábito subconsciente no requiere un esfuerzo consciente).

> **El entrenamiento más efectivo se realiza de manera personalizada. Ninguna otra variante a la de alumno-instructor proporciona el ingrediente esencial que produce estos grandes avances.**

El entrenamiento más eficaz se realiza de manera personalizada —un entrenador y un estudiante— comprometidos el uno con el otro durante el periodo que dure el entrenamiento. El entrenador debe ser capaz de evaluar el rendimiento y las respuestas del alumno de forma inmediata y repetida, para mantener al estudiante encarrilado. El mejor entorno desde el que lograrlo es, para el entrenador, al otro lado de la mesa, observando todos los aspectos del rendimiento del alumno durante el proceso y permitiendo solo respuestas adecuadas o correctas. El entrenamiento más efectivo se realiza de forma personalizada. Ninguna otra variante alumno-instructor proporciona el ingrediente esencial que produce estos grandes avances.

Las distracciones ayudan en el desarrollo de habilidades de aprendizaje

Las distracciones gravan la capacidad del cerebro para clasificar y evaluar la importancia relativa de la información recibida, manejando cada día miles de juicios de valor y tareas. La capacidad del cerebro para manejar correctamente distracciones e interrupciones es la base para la concentración y la capacidad de prestar atención.

Para desarrollar el poder de filtrar la entrada de información no deseada o innecesaria, un entrenamiento bien diseñado incorpora distracciones deliberadas como herramienta de formación. A medida que el procedimiento avanza, las distracciones deben ser un elemento cuidadosamente añadido. La capacidad del alumno para mantener la atención en una tarea, sin que las actividades o distracciones que le rodean se conviertan en una limitación para su progreso, es muy importante para trabajar de manera eficiente y productiva. Esta habilidad es decisiva en todos los aspectos de la vida: el colegio, el trabajo, el ocio, y así sucesivamente.

El entrenamiento en habilidades cognitivas debe incluir actividades en las que el entrenador intente distraer la atención del alumno de la tarea asignada. En este modelo, el entrenador interrumpe intencionadamente al estudiante. La lección subconsciente para el estudiante es simple: «No voy a permitir que esto distraiga mi mente de la tarea que se me ha asignado». La habilidad para lograr concentrarse en la tarea asignada con una parte de la mente, y a la vez ser conscientes de que la distracción sigue presente, es esencial en el entrenamiento del cerebro. En el curso de una vida de aprendizaje, cada distracción superada representa una tarea en la que uno se ha mantenido concentrado. El estudiante se prepara para más victorias satisfactorias, competitivas... y el entrenador al mismo tiempo se divierte.

La presión es importante en un entrenamiento cognitivo eficaz

El cerebro responde físicamente a la necesidad de procesar múltiples bits de información de entrada. Está perfectamente diseñado para procesar, asociar, evaluar y almacenar o descartar una gran cantidad de información. La presión implica la estructuración de múltiples tareas simultáneas.

Un buen entrenamiento en habilidades debe utilizar los principios de presión en cada serie de ejercicios secuenciados. Por ejemplo, se le puede pedir a un estudiante que cuente de tres en tres al ritmo de un metrónomo (en toques alternativos) y al mismo tiempo que escuche y responda las instrucciones del entrenador. Los ejercicios de este tipo exigen una buena dosis de concentración, así como la capacidad de lograr dividir la atención entre múltiples tareas, para calcular, crear la asociación, y comunicarse, todo a la vez.

Ejercicios como este fuerzan literalmente al cerebro a disparar varias conexiones y reclutar neuronas para manejar la tarea. Toda esta actividad provoca cambios duraderos y drásticos en la capacidad de aprendizaje. La presión es una herramienta poderosa para incrementar la capacidad del alumno de pensar con rapidez y precisión, mientras realiza tareas complejas.

Un estudiante que domine la secuencia de tareas relacionadas con la presión y la distracción ha expandido enormemente sus habilidades de atención y la capacidad de aprender. Es evidente que estos procedimientos son una medida valiosa de refuerzo al rastrear el progreso. Son la prueba definitiva de grandes y rápidos cambios.

Las dificultades de aprendizaje con las que un estudiante suele enfrentarse al entrenar sus habilidades, no le permiten realizar la clase de tareas simultáneas que desarrollan los buenos programas de entrenamiento cognitivo. En casi todos los casos, sin embargo, el alumno supera rápidamente este tipo de ejercicios. Este es el momento del entrenamiento en que se disparan la confianza y la autoestima.

El entrenamiento cognitivo eficaz es no académico

A nivel cognitivo, el cerebro no distingue entre tareas académicas y no académicas, pero el aprendizaje académico se basa y se ve limitado por la función cognitiva. El trabajo académico implica fundamentalmente el aprendizaje de materias de contenido, como matemáticas, ciencias sociales o naturales. El trabajo escolar tradicional requiere una mezcla de habilidades sensoriales y cognitivas, junto con la memorización, la lógica y el razonamiento. El estudiante se siente frustrado, desmotivado, cuando se le pide que utilice habilidades cognitivas subyacentes de las que simplemente carece.

El entrenamiento del cerebro es no académico por dos razones:

En primer lugar, los programas de estilo académico podrían hacer que el estudiante rechazase el proceso, dado que por lo general ha vivido ya una buena cantidad de frustración y fracaso con el trabajo académico. Diseñar los procedimientos de entrenamiento cognitivo como si fueran tareas escolares sería una fórmula segura para el fracaso.

En segundo lugar, la naturaleza no académica de los procedimientos también significa que el entrenamiento del cerebro se parece más a un divertido juego. La probabilidad de que el alumno colabore y vaya bien aumenta considerablemente.

Otro de los beneficios del estilo de formación no académica es obvio para los padres que han pasado horas de frustración en la mesa de la cocina con su hijo, sin éxito, luchando contra los deberes del colegio. Las tareas para hacer en casa del entrenamiento cognitivo (si fuesen requeridas por el programa) van a ser divertidas para los padres, sobre todo cuando se suman a la experiencia de observar y participar en los avances de sus hijos.

El entrenamiento efectivo en habilidades debe ser construido sobre procedimientos no académicos. Es divertido y eficaz. También evita la trampa de entrenar para un tema, un examen o un test en particular. El entrenamiento cognitivo no académico traslada sus potentes y veloces progresos a todas y cada una de las materias académicas a las que el estudiante debe enfrentarse.

La fuerza de voluntad afecta al entrenamiento cerebral

Cambiar la manera de pensar de una persona también puede alterar la estructura de su cerebro. Los estudios realizados por Jeffrey Schwartz en la Facultad de Medicina de UCLA prueban que una persona que cambia su comportamiento a la fuerza podría requerir neuronas para utilizar en funciones más positivas. Esto ilustra la importancia de la elección y la autodisciplina en la superación de dificultades de aprendizaje.

Un estudiante que no está motivado para cambiar, que está satisfecho con el *status quo*, por muy lamentable que sea, no aprovechará todos los beneficios que ofrece el entrenamiento cognitivo.

Esta es otra razón por la que los procedimientos de entrenamiento en habilidades cognitivas tienen que ser divertidos y gratificantes. No todos los estudiantes llegan a un programa de entrenamiento en habilidades cognitivas con un alto nivel de entusiasmo, pero la naturaleza lúdica de los procedimientos y los avances rápidos y gratificantes brindan al estudiante una gran oportunidad para disfrutar del entrenamiento. Todo el proceso está diseñado para ayudar al estudiante a cimentar su voluntad de triunfar.

Pruebe a realizar algunos ejercicios con su hijo y comprobarán cómo cambian, aumentan y mejoran las habilidades cognitivas del cerebro. A continuación figuran algunas actividades que se pueden practicar en casa, con un par de artículos de uso corriente.

Cómo aumentar la velocidad de procesamiento

Equipo necesario: Baraja francesa de cartas y un reloj o cronómetro

Pida al niño que se siente a la mesa con un juego de cartas y, usando un reloj o cronómetro, mida el tiempo que tarda en realizar de forma secuencial los cuatro niveles siguientes. Pídale que intente batir su propio récord un par de veces por cada nivel antes de pasar al siguiente. Si termina el primer nivel en 60 segundos, fije una nueva meta en 50 segundos. A medida que vaya más rápido, deje que pase al nivel superior de mayor complejidad.

- Ordenar las cartas en dos montones por colores (negro y rojo).
- Ordenar las tarjetas en tres montones; As-10 rojo, As-10 negro y figuras.
- Ordenar las cartas en cuatro montones por palos; corazones, diamantes, picas y tréboles.
- Ordenar las cartas en cuatro montones mientras cuenta de dos en dos o de tres en tres.

Más niveles y actividades similares en inglés para activar la velocidad de procesamiento en www.unlocktheeinsteininside.com

---

Cómo entrenar la memoria de trabajo

Material necesario: Un juego de tarjetas compuesto por pares de objetos (por ejemplo, un juego infantil de memoria).

Los juegos de tarjetas son un gran instrumento para fortalecer la memoria visual y la estrategia de la memoria.

Cuando se trabaja con los niños más pequeños (3-5 años) hay que empezar solo con 6 pares (12 fichas), para que no se sientan abrumados. Vaya aumentando el número de fichas poco a poco. Colóquelas en una cuadrícula (de 3 x 4). También puede ayudar al niño a desarrollar la memoria espacial, comenzando con las esquinas y los lados, creando deliberadamente una estrategia para recordar la colocación de las fichas.

Una de las estrategias que puede utilizar con las tarjetas de memoria es asignar la cuadrícula a una cuadrícula mental de la habitación en la que se encuentran. Puede usar los cuatro rincones de la habitación, la chimenea, la escalera, el sofá, la TV, la lámpara, la puerta, etc.

Si el estudiante da la vuelta a la tarjeta de la esquina superior y es un mono, puede visualizar un mono sentado en el rincón de la habitación. La siguiente carta es un loro, en el fila superior junto a la tarjeta de mono. El estudiante visualizará el loro en la lámpara que está en la esquina. Si el estudiante gira una carta del centro, debe visualizar el objeto en el centro de la habitación, de acuerdo con el lugar que ocupa en la cuadrícula de tarjetas.

Más procedimientos de memoria en www.unlocktheeinsteininside.com

---

Construir el procesamiento auditivo

Equipo necesario: Bloques de madera o fichas de Scrabble.

Tres importantes habilidades de procesamiento auditivo —la mezcla, la segmentación, y la manipulación del sonido— determinan un avance del estudiante con la lectura. Hay que olvidar los nombres de las letras y las reglas fonéticas y centrarse en los *sonidos* que componen cada palabra.

Por ejemplo, en inglés la palabra *eight* tiene dos sonidos / ae / y / t /, pero cinco letras. La palabra *school* tiene cuatro sonidos, / s / / k / / oo / / l /. La lengua inglesa en realidad tiene 43 sonidos, pero antes de seguir, veamos lo siguiente:

/ b / como en *cub*
/ p / como en la *cup*
/ k / como en *park* o *picnic*
/ m / como en *ham*
/ n / como en *run*
/ d / como en el *cod*

/ t / como en *sit*
/ a / como en *add*
/ e / como en *Ed*
/ i / como en *she*
/ o / como en *it*
/ u / como en *up*

Cómo construir habilidades de fusión

Las habilidades de fusión unen sonidos para formar palabras.

Todas las palabras necesitan una vocal. Separe vocales y consonantes, organícelas en dos montones y haga que el estudiante elija una de cada montón. Que diga los sonidos por separado y luego los junte para formar una palabra.

No importa si es una palabra de verdad o inventada. Después de trabajar con dos sonidos, hay que trabajar con tres, cuatro, y finalmente cinco sonidos en una palabra.

Cómo construir habilidades de segmentación

La segmentación se utiliza para dividir los sonidos en una palabra.

Comience con palabras de dos sonidos y que el estudiante diga qué sonidos hay en la palabra. Por ejemplo, en inglés *me* tiene dos sonidos / m / y / ee /. Si el estudiante no lo entiende, se le puede dar la respuesta un par de veces y luego pedirle que siga. Vaya progresando así hasta llegar a cinco sonidos en una palabra.

Cómo construir habilidades para la manipulación del sonido

Haga que el estudiante omita un sonido de una palabra, por ejemplo: «Di *cat* en inglés sin la / c /... '*at*'. La palabra *boy* sin la / b / suena... / *oy* /. Recuerde que solo hay que usar sonidos, no los nombres de las letras. Si ves la / c /, debes decir el sonido 'k' en lugar del sonido del nombre de la letra 'see' en inglés». Utilice la misma técnica con bloques de letras. Haga que el niño adivine la palabra después de haber suprimido un sonido (uno de los bloques). Las vocales no se suprimen.

Para obtener una lista de palabras para practicar este ejercicio, visite: www.unlocktheeinsteininside.com

Cómo construir procesamiento visual

Equipo necesario: Bloques de madera de diferentes colores.

El padre describe la posición de los bloques. «En mi mente, veo un bloque rojo encima de un bloque amarillo». El niño le escucha y luego debe tratar de crear, con bloques reales, lo que el padre ha visualizado y le ha indicado. Una vez que el estudiante ha dominado dos bloques, el padre puede añadir un tercero. Por ejemplo, «Veo dos bloques azules, uno al lado del otro. Encima del bloque azul de la derecha hay un bloque amarillo».

Pueden construirse también habilidades verbales invirtiendo el orden de esta actividad; se le puede pedir que cree una construcción con dos o tres bloques y luego describa el edificio.

Cómo construir lógica y razonamiento

Equipo necesario: Bloques de madera de diferentes colores

Establecer un patrón de cinco bloques. Pida al estudiante que le diga cómo continúa la serie. Por ejemplo, puede mostrarle una pieza amarilla, una azul, una amarilla y otra azul. Pregunte al estudiante cómo continuar. A continuación se presentan algunos patrones como muestra

rojo azul amarillo rojo azul ___

rojo rojo azul azul rojo ___

rojo azul amarillo verde rojo azul ___

rojo azul azul amarillo amarillo amarillo verde verde verde ___

rojo rojo rojo rojo azul azul azul amarillo ___

Encontrará más patrones y otras actividades que desarrollan habilidades de lógica y razonamiento, en www.unlocktheeinsteininside.com

RESUMEN

- El entrenamiento cognitivo correcto produce avances positivos en cualquier niño con dificultades de aprendizaje.
- El cerebro se amplía cuando se aprende algo nuevo.
- El conocimiento puede ser transferido y compartido entre diferentes partes del cerebro.
- El cerebro responde bien a los cambios grandes y rápidos.
- Una variedad de técnicas —secuenciación, intensidad, distracciones, presión— ayudan a mejorar la eficacia del cerebro.

MOMENTO EINSTEIN

Una vez que aceptamos nuestras limitaciones, podemos superarlas. A. Einstein

---

CAPÍTULO 6

EL BRILLANTE FUTURO DE SU HIJO

Debo decir una vez más que, independientemente de los retos que el aprendizaje plantea a su hijo, ¡hay solución! Saber verla y hacerla realidad, sin embargo, es algo que depende de usted.

He pasado mi vida profesional intentando averiguar qué hace falta para ayudar a los estudiantes para que aprendan más rápido y fácilmente. Estoy realmente entusiasmado con su brillante futuro, porque ahora sabemos mucho más acerca de las dificultades de aprendizaje. Pero como padres o personas que se preocupan por los demás, debemos asumir la responsabilidad de encontrar soluciones.

Después de leer los capítulos anteriores, ya dispone de conocimientos básicos sobre habilidades cognitivas. Pero con saber un poco más no es suficiente para terminar con las dificultades de aprendizaje de su hijo. Ahora tiene que aplicar lo que ha aprendido para que su hijo logre avanzar. ¿Qué puede hacer?

Para resumir, hay cosas que por lo general no funcionan si los problemas de fondo afectan a las habilidades cognitivas. Por ejemplo, se puede intentar con un método académico, como las clases particulares, pero si no dan los resultados esperados, deberá buscar otro método. Cuando no se ve un cambio en la capacidad de aprender, hay que probar otro sistema.

Este proceso cíclico es lo que los expertos en educación han vivido durante décadas. El problema es que pueden pasar años hasta comprobar si un método se traduce en progreso en el aprendizaje del niño. Mientras se sucede un fracaso tras otro, imagine lo que ocurre con el estudiante y cuáles son sus pensamientos sobre la escuela, los maestros, y sobre sí mismo.

¡Yo le aseguro que hay una mejor manera!

¿Dónde puede encontrar ayuda?

¿A quién debe recurrir en busca de ayuda, si su hijo tiene dificultades con sus habilidades de aprendizaje?

Casi todos los padres comenzarán la búsqueda de soluciones por el colegio. Puede que le sorprenda, pero la mayoría de los profesores y directores de colegio apenas reciben formación sobre la detección y el fortalecimiento de habilidades de aprendizaje subyacentes. Los maestros y demás personal educativo son comprensivos y están dispuestos a colaborar, pero las dificultades de aprendizaje les confunden casi tanto como a usted.

La escuela puede realizar test, pero los resultados casi siempre serán interpretados de modo que su hijo quede clasificado según el modelo educativo existente. Puede que reciba un diagnóstico de dificultades de aprendizaje y se le asignen tutorías o clases especiales. Es posible que le digan: «Sí, tiene un problema, pero no es tanto como para recibir ayuda especial», o tal vez: «Tendría que verle el médico, por su problema de atención.»

Repito que las intenciones de los educadores son buenas, pero su falta de formación y experiencia, sumado a las limitaciones del presupuesto y otros factores, a menudo hace que vean los problemas a través del filtro del sistema educativo.

Hay que abordar el problema de su hijo desde una nueva perspectiva. ¡Nadie tiene tanto interés como usted! En última instancia, es responsabilidad de los padres hacerse cargo de la trayectoria educativa de su hijo.

Su hijo es capaz de estudiar ¡debe creerlo!

También debe aceptar el hecho de que nadie va a asumir la responsabilidad final de asegurarse de que el niño cuenta con las herramientas necesarias para triunfar en sus estudios.

Puede que se pregunte, «¿Por qué tengo yo que hacerme cargo de esto? Ya pago muchos impuestos. ¿No es cosa del colegio que mi hijo vaya bien en los estudios? Yo no soy ningún experto en educación. ¿Por qué debería asumir esta responsabilidad? ¡Déjenme en paz!»

En un mundo perfecto, tendría usted razón, y un especialista o una institución educativa daría un paso adelante para darle a su hijo la ayuda específica que necesita. En la práctica, sin embargo, si usted no asume personalmente la responsabilidad por este problema, su hijo podría enfrentarse a un largo y duro camino de frustración e incluso al fracaso académico y profesional.

La verdad suele ser dura, pero tomar conciencia de esta situación nos dará a cada uno de nosotros la oportunidad de responder y cambiar la vida de nuestro hijo mientras todavía haya tiempo.

Razones fundamentales para hacerse con el control

Hay muchas razones de peso por las que debe hacerse cargo del desarrollo cognitivo de su hijo. He aquí hay dos fundamentales:

En primer lugar, es lógico esperar de las escuelas públicas o privadas que proporcionen maestros cualificados y competentes, un ambiente seguro, y un plan de estudios equilibrado. Los sistemas educativos trabajan mucho para asegurar que los estudiantes a los que atienden dispongan de estos tres elementos.

Este entorno, por importante que pueda ser, no garantiza que su hijo progrese en su experiencia educativa. Los educadores tienen buenas intenciones, pero las escuelas no están diseñadas para construir una base de habilidades cognitivas para su hijo.

En otras palabras, si su hijo no tiene las habilidades subyacentes necesarias, es muy probable que sin su intervención las dificultades de aprendizaje persistan de por vida. Por tanto, desde un punto de vista moral y práctico, como padre, no puede descuidar su responsabilidad personal en la educación de su hijo.

Claro, legalmente puede delegar la responsabilidad de la educación de su hijo en una escuela pública o privada, pero ¿se atrevería a hacerlo?

En segundo lugar, el precio que usted y su familia tendrían que asumir por no ocuparse de darle unas bases al aprendizaje cognitivo de su hijo podría ser muy alto. La situación emocional, psicológica, académica y su futura carrera, así como los costos laborales pueden ser inconcebibles si espera que alguien más se ocupe de esta tarea *(Vid. figura 6)*.

CLASIFICACIÓN DEL CI Y DE SU IMPACTO EN LA UNIVERSIDAD Y EL ÉXITO PROFESIONAL

Rango CI	Ingresos a los 30 años (ajustado a 2014)	Títulos universitarios
120+	**$91,252**	82%
110–119	**$78,087**	56%
90–109	**$68,020**	19%
80–89	**$50,820**	5%
<80	**$30,460**	3%

Figura 6

Si las habilidades de aprendizaje de su hijo son inadecuadas, simplemente no puede permitirse el lujo de esperar a que alguien más intervenga. El tiempo corre en contra de la recuperación y el progreso de su hijo, y podría producirse un daño para toda la vida.

El lugar lógico para comenzar: su hijo

Va a quedar usted gratamente sorprendido. Conseguir que el estudiante adquiera las habilidades de aprendizaje necesarias para avanzar puede que no le lleve tanto tiempo y energía como podría pensar. Claro, requerirá cierta inversión de tiempo, energía y dinero, pero quiero animarle. ¡Podemos ayudarle!

A medida que aumenten sus conocimientos sobre lo que hace falta para convertirse en un buen estudiante y lector, descubrirá que la inversión es pequeña en comparación con lo que supone para su hijo la frustración, las oportunidades perdidas, y unas expectativas inferiores de vida.

Hay que invertir en examinar las habilidades subyacentes de su hijo y después reforzarlas para perfeccionar sus ventajas competitivas. Ya sean débiles o fuertes, sus habilidades cognitivas pueden ser drásticamente mejoradas, y el cambio hará que usted y su hijo estén encantados.

¿Qué tiene que perder? Dele una oportunidad a nuestra propuesta. ¡Pase a la acción!

El primer paso: los test

Recomiendo encarecidamente que, como primer paso, busque una evaluación de buena calidad sobre las competencias de su hijo. Hágale unas pruebas sobre habilidades cognitivas subyacentes. Sinceramente, desearía que todos los estudiantes, al empezar su primer año en el colegio y a partir de entonces cada tres años, se sometieran a exámenes sobre habilidades cognitivas y de procesamiento. Si los test de su hijo revelan la existencia de dificultades, debe someterlo de inmediato a un programa intensivo personalizado de entrenamiento de las habilidades cognitivas.

El segundo paso: encuentre un programa de formación de habilidades cognitivas

Sorprendentemente, la investigación clínica actual revela que las habilidades cognitivas básicas y fuertes, pueden ser entrenadas de forma apropiada en ¡tan solo un semestre! Imagine... una inversión de un solo semestre de entrenamiento puede proyectar a su hijo hacia una vida de aprendizaje más rápido, más fácil, más fiable.

Independientemente del sistema de entrenamiento que elija para su hijo, asegúrese de que la instrucción sea intensa, específica, y personalizada. Participe plenamente en el entrenamiento. Sígalo de cerca. Aprecie los resultados y los cambios a medida que trabaja con su hijo en casa. ¿Está funcionando? Si no, considere otra opción.

Por encima de todo, observe a su hijo resurgir mientras comienza a disfrutar del aprendizaje y la lectura, y de no ir retrasado en el colegio.

Cómo elegir un programa o entrenamiento

Para ayudarle a estar seguro de que encuentra la ayuda correcta para su hijo, hay siete preguntas que debe plantear al evaluar cualquier programa de entrenamiento. Los mejores programas deben dar respuesta positiva a la mayoría, si no a todas, de estas importantes preguntas.

1. **¿Qué impacto tiene el programa en la causa del problema?**
   La solución debe abordar las causas de las dificultades de aprendizaje, no solo los síntomas.
2. **¿Produce el programa grandes cambios?**
   Los resultados deben ser lo suficientemente grandes para usted y su hijo como para poder reconocerlos fácilmente. De lo contrario, será difícil para ambos mantener la motivación durante todo el proceso de entrenamiento.

3. **¿Produce el programa cambios rápidos?**
Los niños (y los padres) necesitan recompensas inmediatas o el entusiasmo decaerá. Desear beneficios inmediatos no es impaciencia, sino una poderosa herramienta para superar el fracaso habitual y la baja motivación del pasado.

4. **¿Produce el programa cambios duraderos?**
Las apuestas son altas: está invirtiendo usted en la futura felicidad de su hijo. Las mejoras del aprendizaje que durarán toda la vida son las más valiosas.

5. **¿Tiene el programa un coste razonable?**
Sabemos que los recursos de tiempo, dinero y energía son limitados y necesitamos invertir sabiamente. Un programa de bajo coste que no produce resultados es un desperdicio. Otro programa puede costar más, pero provoca cambios duraderos. ¿Cuál es la mejor inversión? Cuando lo que está en juego es toda una vida de éxito o fracaso de su hijo, el precio de un programa eficaz es una ganga.

6. **¿El programa ha demostrado resultados?**
Solo los métodos probados son dignos de ser aplicados para ayudar a superar las dificultades de aprendizaje de su hijo. Cada idea, programa o método que considere, debe contar con un historial de éxito documentado.

7. **¿Se transfieren los beneficios del programa a otras áreas de la vida?**
El entrenamiento en habilidades cognitivas debe afectar a muchas áreas de la vida de su hijo, no solamente a su trabajo académico. Su hijo puede ser tratado en una sola área, pero usted debe ver cambios positivos en otras actividades y áreas de su aprendizaje.

Le ruego encarecidamente que se plantee las siete preguntas anteriores al examinar cualquier programa para hacer frente a las dificultades de aprendizaje de su hijo. Sin respuestas afirmativas en la mayoría o en todas las preguntas, un programa inadecuado puede darle a su hijo (y a usted) falsas esperanzas y mantener en lugar de eliminar el problema, por no hablar de la pérdida de sus valiosos recursos. (En el anexo A, figuran las respuestas a estas siete preguntas para los programas de LearningRx y BrainRx)

El tercer paso: mantenga una actitud positiva hacia los profesores y el sistema educativo

Cuando vea el drástico progreso de aprendizaje en su hijo, resístase a juzgar negativa o duramente a los maestros y la escuela por haberle fallado a su hijo. Recuerde, nadie los etiqueta deliberadamente o para hacerles daño. Los maestros y otros empleados educativos son profesionales entregados, que hacen su trabajo lo mejor que pueden, a veces en circunstancias estresantes. Sin duda se alegrarán también de ver que su hijo se convierte en un mejor estudiante. Cuente con los profesores como aliados para el progreso educativo de su hijo. Después de su entrenamiento en habilidades cognitivas, su hijo estará equipado para sacarle el máximo provecho a su educación, pública, privada o en casa.

Advertencia: no lo deje ¡es el momento de actuar!

Le ruego que no espere a intervenir y actuar en nombre de su hijo. No deje que se convierta en parte de estas estadísticas:

- En los resultados del informe PISA 2012, se desprende que los resultados de las pruebas de comprensión lectora

arrojan un resultado negativo. España ocupa el puesto 23 entre los 34 países de la OCDE, con 488 puntos (la media de los países más desarrollados es de 496), aunque se sitúa en el nivel medio de la UE, de 489 puntos.
- Según los datos publicados por la oficina de estadística comunitaria Eurostat, España se ha vuelto a situar en 2013 a la cabeza de Europa en abandono escolar temprano, el que hace referencia a los jóvenes de 18 a 24 años que dejaron sus estudios tras completar la educación obligatoria o antes de graduarse. Un 23,5% de los jóvenes españoles había abandonado la enseñanza prematuramente el año pasado, el doble de la media comunitaria, situada en el 11,9%.

Imagine las consecuencias para estos chicos y, en última instancia, para el país. Estos son los mismos niños brillantes, tan llenos de entusiasmo y confianza, que cantaban el alfabeto en preescolar. Ahora, sin embargo, casi con toda seguridad no podrán aprovechar su potencial sin la ayuda adecuada.

¿Por qué está sucediendo esto con nuestro recurso más preciado? La respuesta más sencilla gira en torno a los fundamentos esenciales del aprendizaje. Algunas competencias básicas de lectura y aprendizaje de los estudiantes no fueron fortalecidas a tiempo en su educación.

¿A qué clase de frustración se enfrenta su hijo en el colegio? Peor aún, podría salir de la escuela sin terminar los estudios. Estos son asuntos serios. A ningún niño se le debe negar la alegría de aprender por culpa de alguna debilidad cognitiva corregible, pero oculta.

Lo más importante es intervenir con tiempo suficiente para marcar una diferencia en la vida de su hijo. Debe actuar ahora, mientras el perjuicio se puede mantener a un nivel mínimo. Incluso si su hijo ha tenido dificultades en el colegio durante años, no es demasiado tarde para reparar el daño.

Me duele decir esto, pero incluso sabiendo el valor de una intervención temprana, cuatro de cada diez padres esperan al menos doce meses antes de conseguir ayuda para su hijo con dificultades. Tristemente, algunos ni siquiera llegan nunca a buscar la ayuda profesional necesaria.

Pregúntese: «¿Puede mi hijo permitirse que yo sea uno de esos cuatro de cada diez padres que esperan un año o más para tratar de averiguar por qué su hijo está teniendo dificultades para seguir el ritmo de la clase?»

Hágase cargo hoy mismo de la situación. ¡Su hijo y usted nunca se arrepentirán!

Recuerde: no importa cuánto dinero gasten los colegios en educación especial, nuevos libros de texto, profesores entusiastas y aulas interactivas, todo ello no impide el hecho de que los estudiantes sufran dificultades de aprendizaje subyacentes que no están siendo resueltas. Hasta que los padres no tomen medidas proactivas para remediar y eliminar estas dificultades, los niños seguirán sufriendo día tras día, año tras año. Ayude a sus hijos a ser más inteligentes para siempre con un entrenamiento potente, intenso y de eficacia demostrada, que cambiará para siempre su vida académica, social y familiar. Tendrá un hijo nuevo, con más autoestima, confianza y capacidad de la que nunca hubiera soñado.

RESUMEN

- Hay solución para que todos los niños puedan convertirse en un buenos lectores y buenos estudiantes.
- Los padres deben asumir su responsabilidad en la superación de los retos de aprendizaje de sus hijos.
- Un programa de entrenamiento en habilidades cognitivas debe ser cuidadosamente seleccionado.
- El momento de actuar en nombre de su hijo es ahora.

ANEXOS

A | Respuesta de LearningRx a las siete preguntas
B | Revise sus opciones LearningRx
C | LearningRx Medición del valor basado en la satisfacción
D | Reflexiones para profesores

ANEXO A

RESPUESTA DE LEARNINGRX A LAS SIETE PREGUNTAS

¿Cómo responde LearningRx a las siete preguntas?

1. ¿Qué impacto tiene el programa en la causa del problema?

Esto es lo más importante en LearningRx. Tratamos la causa en lugar de los síntomas, identificando antes y entrenando después las habilidades cognitivas responsables de las dificultades de aprendizaje o de lectura. Recuerde: más del 80% de las dificultades de aprendizaje tienen como origen una o más habilidades cognitivas deficientes.

2. ¿Produce el programa grandes cambios?

LearningRx produce cambios enormes. Estudiantes de todas las edades, con retos de aprendizaje muy diferentes, adelantan como media más de 3,6 años en habilidades cognitivas. El avance en habilidades de lectura es incluso superior a cuatro años.

3. ¿Produce el programa cambios rápidos?

LearningRx produce resultados en un periodo de tan solo tres a seis meses. No tiene comparación con ningún otro método. Respecto al siguiente mejor programa de lectura, los resultados se obtienen cuatro veces más rápido.

4. ¿Produce el programa cambios duraderos?

A diferencia de los contenidos académicos, que se suelen olvidar fácilmente, las habilidades cognitivas se conservan, porque se utilizan constantemente, cada vez que pensamos, leemos o resolvemos un problema. En un año de seguimiento por parte de LearningRx, constatamos que el 98,7% de las habilidades entrenadas era igual o superior a las mostradas al terminar el entrenamiento.

5. ¿Tiene el programa un coste razonable?

Como hay muy pocos programas de entrenamiento cognitivo con que comparar, podemos hacerlo con los muchos programas de lectura que publican sus resultados. En comparación con el mejor de los programas de lectura individual con precios por sesión similares, LearningRx obtiene el doble de resultados en menos de la mitad de sesiones, lo que lo hace cuatro veces más provechoso. Esta ventaja se comprueba también al comparar el programa de lectura individual de LearningRx con las clases en grupo tradicionales.

6. ¿El programa ha demostrado resultados?

Los programas de LearningRx han sido desarrollados durante veinte años en más de ochocientos despachos profesionales y clínicas, que atendieron a más de veinte mil estudiantes. Durante este tiempo, el adelanto medio en las habilidades cognitivas se ha incrementado de 2,9 a 3,6 años. Los programas LearningRx son tan eficaces que ofrecemos garantías incomparables con las de cualquier otro programa conocido (*Véase el anexo C*).

7. ¿Se transfieren los beneficios del programa a otras áreas de la vida?

LearningRx dispone de miles de pruebas y encuestas que demuestran la obtención de mejoras en otras habilidades a las que no estaba dirigido específicamente. Estos beneficios secundarios incluyen autoestima, conclusión más rápida de las tareas y mayor felicidad para los estudiantes.

Sin embargo, los intensos testimonios de padres y estudiantes que se han beneficiado del entrenamiento en habilidades cognitivas de LearningRx y BrainRx son los que mejor pueden responder a esta pregunta (*ver testimonios a partir de la página 129*).

DEL FUNDADOR

El entrenamiento LearningRx *cambiará positivamente el procesamiento mental, las habilidades y el dominio de la lectura, y aumentará la capacidad del alumno para enfrentarse con éxito a los retos académicos.* Ken Gibson, Presidente de LearningRx y BrainRx.

ANEXO B

REVISIÓN DE SUS OPCIONES CON LEARNINGRX

Todos los aspectos del entrenamiento LearningRx y BrainRx están diseñados para trabajar con el cerebro y lograr el éxito. Los procedimientos no académicos son ejercicios individuales intensos, que implican realimentación, secuenciación, presión y recompensas. Producen grandes y rápidos cambios en la capacidad del estudiante, que proporcionan una gran satisfacción a los estudiantes y al entrenador. También producen, casi sin excepción, una gran mejora para la autoestima del alumno.

Para los estudiantes que tienen dificultades con el aprendizaje, no hay ningún enfoque de entrenamiento que provoque cambios en el procesamiento cognitivo y la lectura tan rápida y efectivamente como las herramientas y técnicas de LearningRx.

El poder de un programa de entrenamiento correctamente formulado, que logra cambios grandes y rápidos, puede comprobarse si se compara con la duración y los resultados de otros enfoques de recuperación de lectura. En comparación con los programas correctivos de lectura individuales tradicionales, los programas basados en habilidades cognitivas alcanzan más del doble de resultados en el mismo tiempo. Dicho de otra manera, significa que se obtienen los mismos beneficios por la mitad de tiempo y de dinero (*Véase figura 7*).

**HABILIDADES COGNITIVAS:
ENTRENAMIENTO FRENTE LA COMPETENCIA**

No existe ningún enfoque de entrenamiento que provoque cambios en el procesamiento cognitivo y la lectura de forma tan rápida y eficaz como las herramientas y técnicas LearningRx. Para lograr un adelanto de un año en las habilidades de descifrado de palabras, cada uno de los siguientes programas probablemente requerirá:

UN AÑO DE ADELANTO EN LA CAPACIDAD DE LECTURA

Tipo de programa	Tiempo requerido/ adelanto en años	Coste por año adelantado
Clase en grupo	**20 meses** 12 sesiones por mes	**$ 4.800**
Clases particulares	**12 meses** 12 sesiones por mes	**$ 5.760**
Los mejores programas de lectura no cognitivos	**5.2 meses** 12 sesiones por mes	**$ 5.630**
Programas de lectura cognitivos (ReadRx)	**1.3 meses** 12 sesiones por mes	**$ 1.250**

NOTA: La tabla de esta página muestra los adelantos esperados, el tiempo y el coste requerido por programa para producir un año de adelanto en habilidades de lectura. Los precios representan la media de los servicios ofrecidos a nivel nacional. Los honorarios se basan en: clase en grupo, 20 $/ hora; individual, 40 $/ hora; lectura no cognitivo, 80 $/ hora; lectura cognitiva, 80 $/ hora.

Figura 7

Sin embargo, su principal preocupación no son las necesidades de aprendizaje de los niños.

Si yo estuviera en su lugar, me gustaría saber si el entrenamiento cognitivo podría ayudar a mi hijo. Afortunadamente, hay una respuesta sencilla y asequible: someta a su hijo a un test de habilidades cognitivas.

Brain Training Gym ofrece la realización del test de Gibson sobre habilidades cognitivas por una fracción del costo que pueda encontrar en ninguna otra parte. Permite saber con certeza si las habilidades cognitivas débiles son la raíz de las dificultades de aprendizaje que desea que su hijo supere. Si las habilidades cognitivas débiles son la causa, pueden ser de gran ayuda, si no lo son, sabrá a ciencia cierta que debe buscar otra solución. Una prueba a un precio razonable le dará la información y las opciones necesarias para tomar las medidas adecuadas para superar lo que, si no se diagnostica y se corrige, podrían ser dificultades de aprendizaje de por vida.

Revise sus opciones en LearningRx

Su centro BrainRx local le ofrece pruebas cognitivas a un precio razonable. Con estos resultados, el experto BrainRx puede identificar las necesidades específicas en habilidades subyacentes. El perfil de habilidades cognitivas personalizado de su hijo le ayudará a saber con precisión por qué tiene dificultades con las tareas de aprendizaje.

El test de Gibson de habilidades cognitivas, de rendimiento, contiene varios subapartados que miden diferentes habilidades:

1) Velocidad de procesamiento
2) Procesamiento auditivo
3) Procesamiento visual
4) Lógica y razonamiento
5) Memoria de trabajo
6) Memoria a largo plazo
7) Descifrar palabras
8) Atención

Además, en BrainRx recibirá la puntuación, la evaluación y una consulta profesional.

Por último, tendrá respuestas a las dos preguntas más importantes que surgen cuando se enfrentan a una dificultad de aprendizaje:

¿Por qué existe este problema?
¿Qué puedo hacer para ayudar a mi hijo a superarlo?

El Test de Gibson y el entrenamiento a medida están diseñados para que los padres preocupados puedan ayudar a sus hijos a superar las dificultades de aprendizaje para toda la vida. El resultado: una vida de aprendizaje más rápido, más fácil.

ANEXO C

LA MEDICIÓN DEL VALOR

La medición de valor basada en la satisfacción

Uno de nuestros objetivos más claros como empresa es sorprender a nuestros clientes. Cada año, recibimos cientos de testimonios de clientes encantados con el cambio de vida que han experimentado gracias al entrenamiento del cerebro en los centros que LearningRx tiene en los Estados Unidos o en los centros que tienen la licencitura de los programas de BrainRx por todo el mundo (puede leer algunas de estas historias de la vida real en las páginas de este libro). Los testimonios compartidos por nuestros estudiantes y sus familias son un poderoso indicador del valor de los programas que ofrecemos.

También dedicamos un tiempo a medir la satisfacción de cada cliente mediante una escala de calificación reconocida. El índice de satisfacción pide a los clientes «En una escala de 0 a 10 (siendo 10 el más alto), ¿qué probabilidad hay de que recomiende BrainRx a un amigo o colega?» Nuestro índice de satisfacción en 2011 y 2012, basado en más de 4.800 clientes, fue 9,54 sobre 10, que está casi un 27% por encima del promedio nacional (entre los servicios que miden la satisfacción del cliente) y una de las calificaciones más altas del país.

«En una escala de 0 a 10, ¿qué probabilidad hay de que recomiende esta empresa a un amigo o colega?»

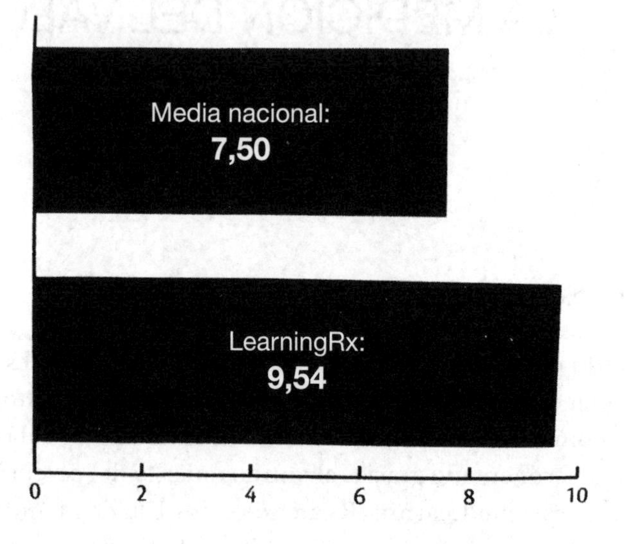

Medición de valor en función del mantenimiento de lo logrado

Los estudiantes de BrainRx y sus familias están claramente satisfechos con nuestros programas de entrenamiento cerebral uno-a-uno. Pero ¿duran los resultados? ¿Son permanentes los logros alcanzados en las habilidades cognitivas?

Nuestro método de entrenamiento del cerebro está diseñado para mover nuevas habilidades a un nivel subconsciente para obtener resultados permanentes, y los estudios de seguimiento a un año confirman que esto es exactamente lo que ocurre.

El siguiente gráfico muestra los logros al finalizar el entrenamiento y el mantenimiento de lo logrado un año después. Observe que en una de las categorías —Lógica y Razonamiento— no solo se mantuvieron, sino que continuaron en aumento.

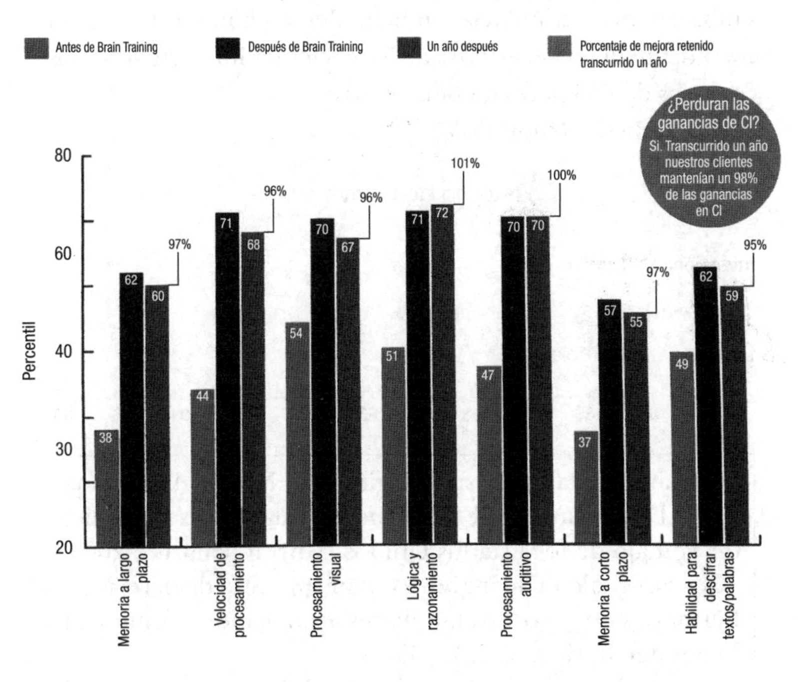

La medición de valor basada en la recuperación de la inversión

Sin embargo, hay otra forma de medir el valor, referida al cálculo de los rendimientos financieros recibidos por su inversión.

Según la Encuesta Longitudinal Nacional realizada por el Departamento de la Oficina de Estadísticas Laborales de Trabajo de los Estados Unidos, existe una relación significativa entre el cociente intelectual y los ingresos.

Por supuesto, hay otros factores aparte del cociente intelectual que pueden influir en cuánto dinero gana una persona durante su vida. Algunos de estos factores son el entorno, como el nivel socioeconómico de los padres y la cantidad y calidad de las oportunidades educativas. En un fascinante estudio publicado en American Economic Review en 2002, sin embargo, estas influencias ambientales se eliminaron en gran medida mediante el estudio de los cocientes intelectuales y los ingresos de 733 pares de hermanos.

Ver gráfico 6 (capítulo 6)

Retorno de la Inversión

Inversión 1 dólar

Retorno 127 dólares

0$ 13$ 26$ 39$ 52$ 65$ 78$ 91$ 104$ 117$ 130$

A partir de la Encuesta Longitudinal Nacional realizada por el Departamento de la Oficina de Estadísticas Laborales de Trabajo de los Estados Unidos. Murray, Charles. 2002. «CI y desigualdad de ingresos en una muestra de parejas de hermanos de entornos familiares aventajados.» American Economic Review, 92 (2): 339-343.

El estudio mostró que, en igualdad de circunstancias, el cociente intelectual de una persona afecta significativa y directamente a sus ingresos durante toda la vida. Conforme a los resultados del estudio, incluso una ventaja de 10 puntos de CI puede dar lugar a en un aumento anual de los ingresos de entre 10.067 y 20.360 dólares. Multiplique por 40 años de ingresos y las cifras serán aún más significativas.

Dado que los resultados del entrenamiento LearningRx producen un aumento del cociente intelectual en un promedio de 15 puntos, esto nos permite calcular el retorno financiero del dinero invertido en LearningRx, que es un factor muy importante a la hora de medir el valor del entrenamiento del cerebro. Según estas cifras, el retorno en forma de aumento del promedio de ingresos durante toda la vida es de 127 dólares por cada dólar invertido en el entrenamiento del cerebro en LearningRx.

Conclusión

Los números cuentan la historia. Después del entrenamiento del cerebro con LearningRx o BrainRx, nuestros clientes de todas las edades experimentan realmente los resultados de un cambio de vida producidos por un cerebro más rápido, más inteligente.

El entrenamiento cerebral LearningRx produce un promedio de aumento de 15 puntos de CI entre los estudiantes que realizan todo el entrenamiento en uno de nuestros centros, y un promedio de 14 puntos en general en los centros fuera de Estados Unidos, incluidos aquellos que hicieron parte de su formación en su casa.

MOMENTO EINSTEIN

El arte supremo del maestro consiste en despertar la alegría por la expresión creativa y el conocimiento. A. Einstein

---

ANEXO D

MENSAJE A LOS PROFESORES

Profesores, gracias por vuestro servicio a los estudiantes de América y a nuestro futuro. Vuestro trabajo es cada vez más difícil y más exigente a medida que avanza la era de la información. Los estudiantes deben ser capaces de aprender y leer de manera eficiente si quieren triunfar en la sociedad de este siglo. Vosotros sois indispensables para el proceso, pero también dependéis completamente de la capacidad cognitiva básica de cada alumno para cumplir con vuestra misión.

Los test de habilidades cognitivas y el entrenamiento pueden convertirse en una herramienta de gran alcance en vuestros esfuerzos para ayudar a los estudiantes con dificultades.

LearningRx quiere ser vuestro aliado y un amigo para los padres a la hora de enfrentarse a los desafíos que presentan los estudiantes con dificultades. Sabemos que las demandas cada vez mayores de las aulas y el aumento del tiempo de ocio, la disminución progresiva de la ayuda de los padres, y las frecuentes trabas de la burocracia representan un gran obstáculo para vuestra pasión por educar a los niños. No dejéis que las dificultades de las habilidades cognitivas básicas de los estudiantes hagan vuestra tarea aún más difícil o incluso imposible.

Ya sabéis que métodos como poner más deberes, alargar el tiempo en el laboratorio de informática y aplicar soluciones de educación especial solo sirven para enmascarar dificultades de aprendizaje persistentes. Las pruebas cognitivas y el entrenamiento eliminan realmente las barreras que sufren los estudiantes, y además es algo que puede lograrse en semanas, no hacen falta años.

LearningRx tiene una variedad de materiales y programas para explicar cómo el entrenamiento cognitivo puede ayudaros a lograr esta misión, ayudar a vuestra escuela a cumplir los rigurosos requisitos de evaluación, y ayudar a los estudiantes a aprender tan rápida y fácilmente como les sea posible. Ofrecemos programas especiales a colegios, servicio de formación, realización de test y asociaciones cooperativas, así como programas privados de referencia para ayudar a estudiantes con necesidades específicas.

Estos servicios, así como un grupo de profesionales formados y con experiencia práctica en los test de habilidades cognitivas y el entrenamiento, están a su servicio en su centro local de BrainRx.

Visite www.brainrx.com para contactar con el centro más cercano. Solicite información especial para profesores.

MOMENTO EINSTEIN

No es que sea muy inteligente, es solo que le doy vueltas a los problemas durante más tiempo. A. Einstein

---

TESTIMONIOS

Este es el mejor tiempo y dinero que he gastado. Me hubiera gustado haber encontrado este programa hace cinco años, cuando los problemas de aprendizaje de Ivy fueron detectados por primera vez. Hemos perdido mucho tiempo y dinero en programas que no eran más que parches. No abordaban ninguna de las razones por las que nuestra hija no era capaz de leer o comprender. Ivy siempre supo que era inteligente —más inteligente que la mayoría de los niños de su clase—, pero se sentía frustrada porque no podía hacer los trabajos necesarios para aprobar. Su cerebro se ha desbloqueado. Le encantaba el programa. Odiaba los deberes, pero le encantaba presumir ante sus amigos y vecinos.

—**PAULA BRADLEY,** Ivy, 11 años, Greenville, CS

Cuando empezamos LearningRx, nuestra hija no solo tenía problemas con su trabajo escolar, sino también de autoimagen y confianza. Debido a la frustración actuaba de forma extraña. Terminaba exhausta todos los días, porque trabajaba muy duro con escasos resultados. Después de unas pocas sesiones, nos dimos cuenta de que tenía una confianza renovada y estaba muy contenta de aprender y hacerlo bien. Después de diez semanas, no solo nosotros (y su maestra) vimos una diferencia, sino que se confirmó en su boletín de notas. Había mejorado sus calificaciones en todas las áreas. Al terminar las sesiones y el año escolar sus notas habían subido por encima de la media. Está feliz consigo misma y se ve a sí misma en el mismo nivel que sus amigos y compañeros de clase. Disfruta de la escuela y está ansiosa por aprender. ¡Gracias por su ayuda!

—**JAMES Y CHRIS W.**, Kayla, 9 años, Omaha, NE

«BrainRx me ha ayudado de muchas maneras. Dos de ellas son los estudios y el deporte. Antes de seguir el programa, no entendía bien lo que me ordenaban en las jugadas de rugby. Después de haber hecho el programa, no solo conozco mi responsabilidad, sino también las de mis compañeros de equipo. En el área académica, ahora saco casi siempre sobresalientes. Mi confianza se ha disparado. Me siento más independiente en mis estudios. Siento como si pudiera lograr mis metas por mí mismo. Antes lograba mis objetivos con alguien sosteniendo mi mano. Ahora soy una persona más independiente, y eso me gusta».

—**DESHAUN,** Ohio

Este programa es fantástico. La diferencia en Joey es de la noche al día. Incluso ha empezado a leer porque quiere. ¡Es impresionante! Ahora, cuando comete un error, lo corrige de inmediato y busca otras formas de hacerlo sin hacer suposiciones. LearningRx ha sido una verdadera bendición para mi hijo.

—**PADRES DE PEPE,** 13 años, Madrid

Hice el cuadro de honor A / B. PADRES: Solía ser una pelea conseguir que se preparase para ir al colegio. Ahora es el primero en estar listo por las mañanas. LearningRx ha hecho grandes cosas por mi hijo. ENTRENADOR: Austin ha dejado de decir que es tonto o, «es demasiado difícil». Ya no se siente incapaz de aprender.

—**AUSTIN,** Tyler, TX

Parker ha hecho enormes progresos en todas las áreas de aprendizaje y realmente creo que es debido a LearningRx. Estoy sorprendido de cómo – y en un período de tiempo tan corto – ha aumentado su deseo de aprender. Sin duda, recomendaría el programa a cualquier padre que esté preocupado por las dificultades de su hijo en la escuela o simplemente que parezca tener que trabajar demasiado duro en cualquier área de aprendizaje. ¡Gracias, LearningRx!

—**PADRES DE PARKER,** 7 años, Lincoln, NE

En este trimestre Elizabeth no ha dejado trabajos sin hacer y en su boletín de notas no hay malas calificaciones. Ha superado el periodo de prueba académico, y veo una gran diferencia respecto al año pasado. No le da pereza ponerse a trabajar, hace su tarea en la sala de estudio, y presta atención a las fechas de entrega. Ya no tengo que comprobar si su trabajo está completo. Su nivel de estrés ha bajado y también el mío. Forma parte del equipo de Desafío Académico y veo cómo desarrolla su confianza a medida que tiene éxito. Está concentrando su atención en conseguir sacarse el permiso de conducir. Elizabeth está ansiosa por jugar en el equipo de tenis el próximo otoño y está ya pensando a qué clases apuntarse en el último curso.

—**KAREN DYER,** Elizabeth, 16 años, Bath, OH

Mi nivel de lectura mejoró de 3,5 a 6. Tengo mejores notas en mi clase de ciencias. PADRES: LearningRx ha sido un regalo del cielo. Ha estado en educación especial y otros programas desde el 3er grado. Ahora está en octavo grado y han determinado que estará en una sola clase adaptada.

—**PADRES DE SAVANNAH,** Tyler, TX

Voy mejor en lectura. Las matemáticas no son tan frustrantes. Nunca voy a abandonar, porque soy inteligente. PADRES: Jacob tiene una mejor atención y concentración. Los deberes se han vuelto más fáciles.

—**PADRES DE JACOB,** Madrid

Halie es una niña de 9 años de edad, quien se unió a nosotros en mayo. Su madre nos la trajo con la esperanza de mejorar su ortografía y sus habilidades de escritura. ¡Halie mejoró más que eso! Con nuestra ayuda, Halie pasó de suspender en las pruebas de ortografía a sacar sobresaliente en un verano! Su velocidad de procesamiento pasó de ser de las más lentas de la clase a la segunda más rápida —¡100 operaciones matemáticas en 5 minutos con solo 2 errores!—. Su habilidad para escribir artículos ha mejorado enormemente y su maestra le dice que sus trabajos se están convirtiendo en los mejores de la clase. Sus historias son divertidas, claras y fáciles de leer. Ella se sienta mientras su hermano juega al fútbol y escribe los primeros borradores de varios párrafos en menos de 45 minutos. Es casi imposible distraer a Halie. Incluso cuando su madre va a clase, su profesor tiene que tocarle en el hombro para que aparte la vista del trabajo. Ella ahora destaca como una de las más inteligentes y rápidas de los niños de la clase!

—**HALIE SONNENSCHIEN,** 9 años, Pleasanton, CA
(según informa un Director de Centro LearningRx)

Antes de LearningRx, Andrew tenía problemas de procesamiento visual, lo que afectaba a la organización de sus tareas y a la capacidad de retener las cosas que estudiaba. Aunque estudiaba, no le iba bien porque las cosas no se le quedaban.

Su mente fue entrenada para ser capaz de ver las cosas que se estaba olvidando. El trabajo se hizo más fácil y empezó a disfrutarlo. Le complacía aprender y progresar. Le gustaba ver que había ejercicios que sus padres no podían hacer y él sí. Después de LearningRx, le era más fácil organizarse y el procesamiento visual mejoró. Estudiar es divertido porque ya no existe la frustración que había antes. Puede concentrarse en aprender lo que necesita y retener la información. Esto va en un aumento, y es mucho más feliz. LearningRx ha sido una bendición para él.

—**MRS. BROWN,** Andrew, 14 años, Colorado Springs, CO

Mi hijo, antes del entrenamiento, hacía todo lo posible para no tener que hacer los deberes... especialmente leer y escribir... porque no era capaz de reconocer las letras o los sonidos.

Desde que terminó el programa LiftOff en LearningRx, mi hijo es capaz de leer y recordar las cosas más fácilmente, lo que ha incrementado la confianza en sí mismo. Este año no habría pasado a 1er grado sin no hubiera completado el programa LiftOff.

—**NOMBRE OMITIDO,** chico, 7 años, Lincoln, NE

Mis notas de Inglés pasaron de 4 a 8 en tres semanas. Siento que he progresado en la lectura y la escritura.

—**MÓNICA,** Madrid

Jacob tuvo muchos problemas físicos y de desarrollo debido a una inflamación cerebral prenatal. Insistíamos en que leyera tres páginas cada noche y siempre se resistía. Después de cuatro o cinco semanas en el programa, Jacob ya era capaz de leer treinta y ocho páginas de *Boxcar kids* y tenía que obligarlo a dejarlo para ir a acostarse.

—**PADRES DE JACOB,** 17 años, Fayetteville, AR

Nuestra experiencia LearningRx superó con creces todas las expectativas que teníamos para nuestro hijo. Antes de completar el programa, sus profesores lo tenían por un chico bien educado pero perezoso, desmotivado, y falto de concentración. A pesar de mostrar signos de una gran inteligencia, nuestro hijo sacaba tantos suspensos como sobresalientes. Nuestro hijo encontró un folleto LearningRx en la papelera y, literalmente, suplicó ayuda al ver que las historias del folleto sonaban como su propia historia personal. Desde el momento en que comenzó a entrenar con doña Gloria, las cosas empezaron a cambiar de inmediato. Nuestro hijo afirmaba que por primera vez sentía realmente que había personas (Gloria y Diane) que estaban de su lado para ayudarlo en todos los sentidos. Estamos especialmente agradecidos por la paciencia y el apoyo que Gloria le proporcionó cada vez que trabajó con él. Sus ánimos le llevaron a tomar las riendas de su formación y así estudió incansablemente en casa con el fin de cumplir con su objetivo de completar con éxito el programa. Como resultado, nuestro hijo recibió sobresaliente en su último boletín de calificaciones (con la excepción de un notable, con una calificación del 89,4%), logró la mención All Region Band, y obtuvo el cuarto puesto en el concurso regional de geometría de UALR.

—**KW,** madre de un chico de 15 años, Little Rock, AR

Recomendaríamos con entusiasmo (y así lo hacemos) sus programas. En un principio, nos dimos cuenta de pequeños detalles, como la manera en que Daniel disfrutaba jugando a las cartas (UNO y Go Fish) y otros juegos sin llegar a frustrarse. También notamos enseguida su aumento de autoestima. El amor y la afirmación que recibió de [su entrenador] y los éxitos que estaba experimentando en su entrenamiento le hacían sentirse realmente bien consigo mismo.

Su atención ha mejorado mucho, así como su concentración. La lectura ha mejorado también drásticamente. Está mucho más seguro de su capacidad, por lo que se atreve a leer libros más complicados. También ha mejorado en matemáticas. Hace su trabajo mucho más rápida e independientemente.

A Daniel también le encantaba ir a ver al personal de LearningRx, desde el director al resto del equipo, a los entrenadores y otros estudiantes. Pensaba que LearningRx era un lugar divertido, seguro, lleno de cariño, lo que le ha ayudado a ir a las sesiones, ya que ha sido un trabajo divertido para él y para nosotros.

Muchas gracias por todo. Su entrenadora, Cassandra ha sido más que maravillosa. Realmente creemos que Dios nos reunió en este momento particular de la vida de Daniel. ¡Qué bendición habéis sido todos vosotros!

—**DEBORAH SMITH,** Daniel, 9 años, Greenville, SC

Puedo hacer todos los deberes cada tarde. Ahora disfruto de la lectura. He sacado 8,3 puntos en mi examen de lengua. PADRES: Hemos visto una gran mejora en los estudios y habilidades de memoria de Ashley. Trabaja de manera más rápida y precisa. Sin ninguna duda, recomiendo LearningRx.

—**JUAN,** Madrid

Nuestra hija tenía muchos problemas académicos en secundaria; principalmente por no alcanzar su potencial en todas las materias. Como sus calificaciones y resultados no eran de nuestro agrado, asistimos a numerosas conferencias sobre educación, técnicas de disciplina de refuerzo positivo y negativo, hicimos muchas pruebas de TDAH, y hablamos con amigos, profesores, maestros de iglesia, familiares y otros padres para ver lo que, como padres, habíamos hecho o estábamos haciendo mal.

Intentamos las clases particulares y suprimir las actividades extracurriculares y finalmente las vieron dos psicólogos escolares privados que realizaron una evaluación formal. Supimos entonces que nuestra hija tenía una forma de aprender con una comprensión auditiva débil y más fuerte en el aporte oral y visual. Aprende mejor con presentaciones creativas del material rutinario.

La solución fue tutelar su estilo de aprendizaje, pero durante años no sirvió de nada, hasta que oímos hablar de LearningRx. LearningRx describe sus ventajas y métodos en sus propios folletos, que son fácilmente accesibles. Nuestra experiencia después de 18 semanas, fue que LearningRx fue capaz de evaluar y establecer claramente el estilo de aprendizaje de nuestra hija de una manera rápida, corrigiendo mediante ejercicios de entrenamiento cerebral diligentes y consistentes. El personal ha sido indispensable y el entrenamiento, estupendo. Su mejora se ha notado en todas las áreas y ha mejorado notablemente en todos los puntos evaluables. Ella ahora tiene bases sobre las que construir, continuará los ejercicios, y esperamos que termine bien el curso, con las notas de las que siempre fue capaz.

—**DR. JOHN EBERLY, MD,** Elizabeth, 13 años, Greenville, SC

Antes de que mi hijo, Arón, comenzase LearningRx, tenía muchos problemas en el colegio para mantener la concentración y comenzar y terminar su trabajo. Estaba tomando medicación para el TDAH y la depresión. En tan solo unas semanas dejó de tomar el antidepresivo y se había vuelto mucho más sociable y confiado en sí mismo. Durante cerca de dos años antes de comenzar LearningRx, pasaba su tiempo libre solo en casa. Este verano Arón fue a la piscina todos los días, montó en bicicleta más que nunca, y pasaba la noche con otros amigos que venían a pasar la noche con él. Hizo amigos fácilmente en nuevos lugares, cuando antes se habría negado a ir. No tomó pastillas para el TDAH en todo el verano y yo conservo todavía todo mi pelo. Sus terapeutas / psiquiatras están entusiasmados con los progresos que ha hecho con LearningRx, con ganas de aprender más sobre el programa para poder recomendar LearningRx a sus pacientes.

Arón comenzó LearningRx solo unas pocas semanas antes del final del año escolar, así que no hemos tenido la oportunidad de ver cómo le ayudará con su rendimiento escolar. Pero estamos seguros de que una vez que empiece el curso esta semana, los cambios que veremos serán fantásticos. Sus tareas del día a día nos muestran que está más atento a lo que sucede a su alrededor. Cuando cree que se ha olvidado de algo que le hemos dicho, se sorprende al ver que si piensa por un minuto, lo recuerda. Cuando le decimos que haga algo, por lo general lo hace de inmediato, sin tanta discusión como antes, si es que discute. Puede ir a recoger su habitación y no sentirse abrumado. Puede entrar, evaluar la situación, comenzar por su cuenta y continuar la limpieza y la organización por sí mismo. Esas son cosas que no podía hacer antes. Estas cosas me muestran que cuando comience el colegio va a ser capaz de trabajar de forma más independiente, comenzar a trabajar por sí mismo sin ser presionado, ser capaz de seguir el ritmo de los apuntes, y al hacer exámenes, ser capaz de recordar las respuestas.

Arón empieza en colegio nuevo esta semana; pero no está preocupado. Está realmente emocionado. Hace dos años estaba tan preocupado por la escuela que incluso dos meses después de empezar se ponía enfermo todas las mañanas. En esta escuela tuvo los mismos compañeros durante dos años. En la nueva escuela que comenzará esta semana no conoce a nadie.

Estoy deseando ver cómo va este curso. Creo que habrá mucha menos tensión que en los últimos tres años. LearningRx es la razón. Yo se lo recomiendo a cualquier persona, niño o adulto. Este programa es beneficioso para cualquier persona. Tengo dos hijos más, uno con TDAH y otro sin, y tengo idea de que los dos sigan el método de LearningRx. Mi marido tiene una empresa que emplea a personas que deben ser capaces de cuidar un montón de detalles en su trabajo. Él está considerando la posibilidad de ofrecer formación LearningRx a sus empleados.

La inversión puede parecer alta, pero puedo decir que vale la pena. Si lo único que mi hijo obtuviera fuera la confianza en sí mismo y una mayor autoestima, ya valdría la pena. Ver la sonrisa en su cara y escuchar su risa vale cada céntimo gastado.

Cuando recibimos los resultados posteriores a la prueba, sabíamos que habría una gran mejora, pero lo que vimos en el papel fue increíble. Era más de lo que esperábamos. Su equivalencia de edad pasó de 2,5 años a 11,5 años. Fue increíble.

—**ELLEN STRZELECKI,** Arón, 14 años, Little Rock, AR

BIBLIOGRAFÍA

Capítulo 1

1 **Perie, M., Grigg, W., and Donahue, P.** *The Nation's Report Card: Reading 2005* (NCES 2006-451). U.S. Department of Education, National Center for Education Statistics. Washington, DC: U.S. Government Printing Office. 2005.

2 **Hock, M. and Deshler, D.** *Don't Forget the Adolescents*. The University of Kansas Center for Research on Learning. Principal Leadership. 2003.

3 **McEntyre, Marilyn**. *Why Worry About Words?* Westmont College: 2004 Stone Lectures (October 4, 2004). Theology Today.

4 **Henry, Tamara**. *Lawmakers move to improve literacy*. USA Today: Nation. June 20, 2001.

5 **Boyer, Ernest L.** *Ready to learn: A mandate for the nation*. Report by Carnegie Foundation for the Advancement of Teaching. Princeton, NJ: The Carnegie Foundation for the Advancement of Teaching. 1991.

6 **Shaywitz, MD, Sally, et al.** *Predicting Reading Performance form Neuroimaging Profiles: The Cerebral Basis of Phonological Effects in Printed Word Identification.* Journal of Experimental Psychology: Human Perception and Performance. Volume 23, Number 2 (299-318). 1997.

7 **Lartigue, Casey**. *Why Not Sue 'Big Schooling?'* Oklahoma Council for Public Affairs. Volume 9, Number 12. December 2002.

8 *Adolescent Literacy Policy Update. Alliance for Excellent Education.* Issue Brief, June 2005. http://www.all4ed.org/publications/ReadingNext/AdolescentLiteracyFactSheet.pdf

9 *America's Pressing Challenge: Building a Stronger Foundation.* National Science Board (NSB): A Companion to Science and Engineering Indicators. 06-02. January 2006.

10 **U.S. Department of Education**, Institute of Education Sciences, NationalCenter for Education Statistics, National Assessment of Educational Progress (NAEP). 1998 and 2002 Writing Assessments.

11 **Carnevale, A**. *Help wanted... college required*. Leadership 2000 Series.Princeton, NJ: Educational Testing Service. 2001.

12 **Kirsch, I., Jungeblut, A., Jenkins, L., and Kolstad, A.** *1992 Adult Literacy Products-Executive Summary of Adult Literacy in America: A First Look at the Results of the National Adult Literacy Survey.* National Assessment of Adult Literacy (NAAL). 1992.

13 **Committee to Study Teacher Workload, Planning Time, andAssessments.** *Joint Taskforce on Workload, Planning, and Assessments(HCEA).* June 2003. http://hceanea.org/Committee_Report_to_BOE_June_26_2003.pdf

Capítulo 2

1 **Kirk, Samuel.** *Behavioral Diagnosis and Remediation of Learning Disabilities.* Proceedings on the conference into the problems of the perceptually handicapped child. 1st Annual, Chicago, Illinois. Volume 1. April 6, 1963.

2 **LeFever, G., Arcona, A., and Antonuccio, D.** *ADHD Among American Schoolchildren: Evidence of Overdiagnosis and Overuse of Medication.* The Scientific Review of Mental Health Practice. Volume 2, Number 1. Spring/Summer 2003.

3 **Woodworth, Terrance**. Deputy Director-Office of Diversion Control-Drug

Enforcement Administration. DEA Congressional Testimony Committee on Education and the Workforce: Subcommittee on Early Childhood, Youth, and Families. May 16, 2000.

Capítulo 3

1 **Shaywitz, MD, S.** *Overcoming Dyslexia: A New and Complete Science-Based Program for Reading Problems at Any Level.* Vintage Books. 2005.

Capítulo 4

1 **Ratey, MD, J.** *A User's Guide to the Brain: Perception, Attention, and the Four Theaters of the Brain.* Pantheon Books. 2001.
John J. Ratey, *El cerebro: manual de instrucciones*, Literatura Random House, 2006.
2 **Snowdon, David.** *Aging with Grace: What the Nun Study Teaches Us About Leading Longer, Healthier, and More Meaningful Lives.* Bantam Books. 2001.
3 **Gopnik, A., Meltzoff, A., and Kuhl, P.** *The Scientist in the Crib: Minds, Brains, and How Children Learn.* William Morrow & Company. 1999.
4 **Karnia, A. Karnia., Morocza, I.A., Bitana, T., Shaule, S., Kushnirb, T., Breznitz, Z.** *An fMRI study of the differential effects of word presentationrates (reading acceleration) on dyslexic readers' brain activity patterns.* Journal of Neurolinguistics. 18 (197–219). 2005.
5 **Huttenlocher, J., et al.** *Early Vocabulary Growth: Relation to Language Inputand Gender.* Developmental Psychology (27). 1991.

Capítulo 5

1 **Ratey, MD, J.** *A User's Guide to the Brain: Perception, Attention, and the Four Theaters of the Brain.* Pantheon Books. 2001.
2 **Schwartz, J. and Begley, S.** *The Mind and the Brain: Neuroplasticity and the Power of Mental Force.* Regan Books. 2002.

Capítulo 6

1 **Hernstein, R. and Murray, C.** *The Bell Curve: Intelligence and Class Structure in American Life.* The Free Press. 1994.
2 **Perie, M., Grigg, W., and Donahue, P.** *The Nation's Report Card: Reading 2005* (NCES 2006-451). U.S. Department of Education, National Center for Education Statistics. Washington, DC: U.S. Government Printing Office. 2005.
3 **Lyon, G. Reid.** *Special Education for Students with Disabilities; The Future of Children.* Volume 6, Number 1. 1996.
4 **Thornburgh, Nathan.** *Dropout Nation.* TIME. April 17, 2006.

Bibliografía adicional

Bracken, Bruce. *Special Issue Intelligence: Theories and Practice.* Journal of Psychoeducation Assessment. Volume 8, Number 3. The Psychoeducational Corporation. 1990.

Feuerstein, Reuven. *Don't Accept Me as I am: Helping "Retarded" People to Excel.* Plenum Press. 1988.

Feuerstein, Reuven. *Instrumental Enrichment.* University Park Press.1980.

Gardner, **Howard.** *La inteligencia reformulada: las inteligencias múltiples en el siglo xx*, Paidós Ibérica, 2010

Gardner, Richard. *The Objective Diagnosis of Minimal Brain Dysfunction. Creative Therapeutics.* 1979.

Gopnik, A., Meltzoff, A., and Kuhl, P. *The Scientist in the Crib: Minds, Brains,and How Children Learn.* William Morrow & Company. 1999.

Herrmann, Douglas. *Improving Student Memory*. Hogrefe and Huber. 1993.

Herrnstein, R. and Murray, C. *The Bell Curve: Intelligence and Class Structure in American Life.* The Free Press. 1994.

Kirby, J. and Williams, N. *Learning Problems: A Cognitive Approach*. Kagan and Woo Limited. 1991.

Kirk, Samuel. *The Development and Psychometric Characteristics of the Revised Illinois Test of Psycholinguistic Abilities*. University of Illinois Press. 1969.

Lorayne, H. and Lucas, J. *The Memory Book*. Ballantine Books. 1974.

Lyon, G. Reid. *Frames of Reference for the Assessment of Learning Disabilities.* Paul H. Brookes Publishing. 1993.

Maddox, Harry: *Cómo estudiar*, Oikos-Tau SA, 1990.

McGuinness, Ph.D., Diane. *Why Our Children Can't Read and What We Can Do About It.* A Touchstone Book. 1997.

Orem, R.C. *Learning to See*. Mafex Associates. 1965.

Parasuraman, Raja. *Varieties of Attention*. Academic Press. 1984.

Ratey, John J.: *El cerebro: manual de instrucciones.* Literatura Random House, 2006.

Salny, Abbie. *The Mensa Think-Smart Book*. Harper & Row. 1986.

Savant, Marilyn vos: *Gimnasia cerebral en acción*, EDAF, 2012.

Savant, Marilyn vos y Leonore Fleischer, *Gimnasia cerebral*, EDAF, 2006.

Scheiman, Mitchell. *Optometric Management of Learning-Related Vision Problems.* Mosby. 1994.

Schwartz, J. and Begley, S. *The Mind and the Brain: Neuroplasticity and the Power of Mental Force*. Regan Books. 2002.

Shaywitz, M.D., S. *Overcoming Dyslexia: A New and Complete Science-Based Program for Reading Problems at Any Level.* Vintage Books. 2005.

Snowdon, David S *678 monjas y un científico*, Planeta, 2002.

Snowdon, David. *Aging with Grace: What the Nun Study Teaches Us About Leading Longer, Healthier, and More Meaningful Lives.* Bantam Books. 2001.

Solan, Harold. *Developmental and Perceptual Assessment of Learning-Disabled Children.* Optometric Extension Program (OEP). 1994.

Sommer, Robert. *The Mind's Eye*. Dale Seymour Publications. 1978.

Sternberg, R. and Detterman, D. *How and How Much Can Intelligence Be Increased?* Ablex Publishing. 1982.

Sternberg, R. and Detterman, D. *What is Intelligence?* Ablex Publishing. 1986.

Van Witsen, Betty. *Perceptual Training Activities Handbook.* Teachers College Press. 1958.

Vernon, Philip. *Speed of Information-Processing and Intelligence*. Ablex Publishing. 1987.